Maarten Asscher

H_2Olland

Maarten Asscher

H_2Olland

Wie die Niederländer das Meer besiegten

Aus dem Niederländischen
von Marlene Müller-Haas

Sammlung Luchterhand

Für Nanda, meinen amphidromischen Punkt

Schließlich schien es mir, daß ich nichts anderes mehr wahrnahm als alle Zustände des Wassers – Schneewasser – Eiswasser – strömendes Wasser – Wasserpfützen, die die Wasserwolken spiegeln – Wasserdampf, dessen befreite Spiralen sich auseinanderdrehen, in Stücke auflösen, hinter uns stehenbleiben und sich auflösen.

Paul Valéry, *Die Rückkehr aus Holland* (1926)

INHALT

Ein Wort vorab: DER LÖWE

Als Fötus besteht der Mensch zu circa 95 Prozent aus Wasser. Nach der Geburt geht der Anteil zwar zurück, aber es sind noch immer mehr als 70 Prozent. Alle Menschen sind also wässrig, doch die Niederländer sind wässriger als andere Menschen. Zweifellos hängt das unter anderem damit zusammen, dass mehr als ein Fünftel des niederländischen Hoheitsgebiets aus Wasser besteht. Vor den großen Trockenlegungen, die seit dem siebzehnten Jahrhundert das niederländische Festland Schritt um Schritt erweitert haben, war der Wasseranteil sogar noch höher. Selbst heute berührt es einen, wenn man nach einer langen Abwesenheit wieder in die Niederlande zurückkehrt, wie grün alles ist, wie flach, wie gerade und – vor allem – wie nass. Und sich dann vorzustellen, dass in den Niederlanden, zusätzlich zu all diesen vorhandenen Gewässern, im Jahresdurchschnitt auch noch 80 Zentimeter Regen pro Quadratmeter fallen. Das ist viel, vor allem wenn man sich klarmacht, dass es auf der Welt auch Regionen mit jährlich weniger als 0,01 Zentimeter Niederschlag gibt, wie die Atacama-Wüste in Chile. Es heißt sogar, dass es in dieser Wüste an manchen Stellen seit vierhundert Jahren nicht mehr geregnet hat, was für ein wassersattes, niederländisches Hirn so gut wie unvorstellbar ist.

Wer die Niederlande aus der Vogelperspektive betrachtet, sieht unzählige spiegelnde Wasserflächen: Gräben, Kanäle, Seen, Wasserstraßen und mittendrin das IJsselmeer, nach der teilweisen Einpolderung noch immer 1100 Quadratkilometer groß. Dieses Binnenmeer hat nach Meinung der Meteorologen eine nicht geringe Auswirkung auf das gesamte niederländische Klima. Wenn man aus noch größerer Höhe, mit Hilfe der Satellitenbilder von Google Earth, auf die Niederlande herunterschaut, hat das Land einen so ausgeprägten Umriss, dass es unmöglich mit irgendeinem anderen Land zu verwechseln ist. Den Umriss von Tschechien oder von Finnland zu identifizieren wird nur wenigen auf Anhieb gelingen, aber die Niederlande gehören zu den

Ein 1617 nach Michael von Aitzing hergestellter »Leo Belgicus« von Pieter van den Keere (Kaerius).

Ländern, die sofort an ihrer Form erkennbar sind, wie etwa der italienische Stiefel.

Bereits im sechzehnten Jahrhundert hat diese typische Form Kartographen dazu angeregt, die »Lage Landen«, also die niedrig liegenden Länder (die Niederlande unter Einschluss des heutigen Belgien) in Gestalt eines Löwen darzustellen – eine bildliche Umsetzung, die unter dem Namen »Leo Belgicus« bekannt wurde. Der Küstenstreifen von Nordfrankreich bis ganz hinauf nach Den Helder ist der leicht gekrümmte Rücken des Löwen, die Watteninseln sind seine Mähne, die drei nördlichen Provinzen das brüllende Maul, und Oost-Gelderland und Limburg sind das rechte bzw. das linke Bein. Dieses Bild der Niederlande als kämpferischer Löwe mit aufgerissenem Maul wurde 1583 von dem österreichischen Geschichtsschreiber und Diplomaten Michael Freiherr von Aitzing zum ersten Mal gezeichnet und seitdem unzählige Male kopiert. Angesichts der zahlreichen Kriege, die das Land jahrhundertelang im Osten und im Süden führen musste, ist diese Darstellung durchaus plausibel, aber genau genommen müsste der Löwe in die andere Richtung brüllen. Denn wenn es einen Feind gibt, der das Land seit Urzeiten bedroht, dann ist es die See im Westen und im Norden der Niederlande.

Dennoch macht nicht allein das Meer die Niederlande zu einem typischen Wasserland. Im vermutlich berühmtesten Gedicht über das Wasser in den Niederlanden kommt das Meer nicht einmal vor, obwohl sein Verfasser auf See gestorben ist, und zwar am 21. Juni 1940 auf dem Weg von Bordeaux zum Hafen des englischen Falmouth. Das Handelsschiff *Berenice*, auf dem er als Passagier mitfuhr, wurde von dem deutschen U-Boot U65 mit einer gewaltigen Explosion versenkt. Der Dichter heißt Hendrik Marsman, und sein urholländisches Wassergedicht ist noch heute so einprägsam für den Leser, dass ich es von der ersten bis zur letzten Zeile zitieren möchte:

Denk ich an Holland
seh ich breite Flüsse
träg durch unendliches
Flachland gehen,
Reihen unglaublich
lichter Pappeln
wie große Federn
am Horizont stehen
und im gewaltigen
Raum versunken
die Bauernhöfe
verstreut übers Land,
Baumgruppen, Dörfer,
gedrungene Türme,
Kirchen und Ulmen
in stolzem Verband.
Der Himmel hängt tief
und die Sonne ist langsam
in vielfarbig grauen
Schwaden verschwommen
und in allen Landen
wird die Stimme des Wassers
ewig Unheil verkündend
mit Furcht vernommen.

Das Schönste an diesem 1936 geschriebenen Gedicht ist eigentlich der Titel, »Erinnerung an Holland«. In der Verbindung mit dem Titel lässt dieses Gedicht genau nachempfinden, wie jemand, der in der Fremde an sein Vaterland denkt, zwischen Sehnsucht und Furcht, Nostalgie und Ablehnung hin- und hergerissen wird. In den ersten zehn Zeilen überwiegt die Sehnsucht, wenn der Raum, die Landschaft, die Dörfer und die Natur gepriesen werden, doch ab Zeile 17 (»der Himmel hängt tief«) schlägt die Stimmung um, man spürt Beklemmung, Atemnot und Angst. Marsman, der jahrelang das Mittelmeer bereist hatte, schrieb das Gedicht im selbstgewählten französischen Exil.

Vielleicht kennt jeder ein derartig zwiespältiges Gefühl gegenüber seinem Vaterland, aber meiner Erfahrung nach empfinden es die meisten Niederländer offenbar sehr ausgeprägt. Sie emigrieren zwar freiwillig nach Spanien, Griechenland oder New York, sitzen dort dann aber die ganze Zeit in einem »Dutch Club« beisammen, um gemeinsam den Nationalfeiertag, den Koninginnedag, zu feiern, die neuesten Nachrichten aus Holland zu besprechen und Erinnerungen auszutauschen. Aber zurückkehren? Niemals. Die Nationalität, und ganz bestimmt die niederländische, ist eine angeborene Tarnfarbe, die das Geburtsland verschleiert; sie fällt erst richtig auf, wenn man in ein anderes Land zieht.

Im vorliegenden Buch habe ich versucht, diesen Zwiespalt – das Vertraute und das Ungewöhnliche – zum produktiven Ausgangspunkt zu machen. Einerseits hätte ich mich nicht so gründlich mit meinem Land auseinandergesetzt, wenn ich nicht brennend an ihm interessiert wäre; andererseits haben die Niederlande zu viele kuriose oder sogar, offen gesagt, verschrobene Charakterzüge, als dass ich vorbehaltlos sagen könnte, ich liebe mein Geburtsland. Die Liebe, die ich zu diesem Land empfinde, ist – wie die Liebe zu Blutsverwandten – im Grunde eine Art verkappter Eigenliebe. Und diese besteht nun einmal zu einem Großteil aus der Bereitschaft, sich die eigenen Fehler nachzusehen.

Zugleich ist die Tatsache nicht zu leugnen, dass die Niederländer die wichtigsten Bestandteile ihrer nationalen Identität seit Jahrhunderten aus dem Ausland beziehen: unseren Reichtum aus den Ost- und Westindischen Kolonien, unser königliches Blut aus Deutschland. Als unser Kronprinz für die Taufe seiner ältesten Tochter Catharina-Amalia Wasser brauchte, ließ er eigens einen Flakon mit Jordanwasser aus dem Nahen Osten einfliegen. Weit symbolträchtiger wäre es gewesen, hätte er das Taufwasser für unsere künftige Königin einfach aus dem Rhein schöpfen lassen, dem Fluss, der den Deltacharakter unseres Landes, große Teile unserer Landschaft und damit indirekt auch unseren Nationalcharakter so sehr bestimmt.

Wie die genaue Rezeptur zur Herstellung eines Niederländers (Toleranz, Handelsgeist, eine gewisse Direktheit im Umgang, Ironie, Offenheit) auch immer aussehen mag, ein Grundelement dieser nationalen Charaktereigenschaften ist das Wasser. Das macht das Thema »Wasser« zur idealen Grundzutat für dieses Buch, das eine Art nationales Selbstporträt der Niederlande zu zeichnen versucht. Gewissermaßen ein Selbstporträt in Wasserfarben. Die verschiedenen Aspekte, die dabei angesprochen werden, verdeutlichen, wie sehr nicht allein Landschaft, Handel und Freizeit, sondern auch die Geschichte, Architektur und politische Kultur der

Niederlande vom Wasser geformt wurden. Wer nach dem Niederländischen der Niederlande sucht, bekommt es mit »Wasser« zu tun. Und Wasser bestimmt die Art des Sehens, des Herumreisens, der Interpretation.

Ich habe auf dem Afsluitdijk, dem Abschlussdeich, gestanden, ich bin mit einem »watergraaf«, einem waschechten Deichgrafen, um Den Bosch herumgewandert, ich bin auf Schiermonnikoog herumgestreift, ich habe mit meinen Kindern Wassertürme bestiegen und die Inseln Zeelands erkundet, ich bin über viele Strände gelaufen, habe wie ein Tourist die Mühlen bei Kinderdijk besichtigt, das Inselgefühl auf Schokland und Pampus ausprobiert und bin mit dem Rad auf langen Flussbrücken gegen den Wind gestrampelt. Und womöglich am wichtigsten: Ich habe mir Rechenschaft abgelegt über fünfzig Jahre Aufwachsen, Leben, Wohnen und Arbeiten in den Niederlanden.

Als Buch ist *H_2Olland* das Ergebnis all dieser Erfahrungen und der ergänzenden Lektüre. Die Geisteshaltung, in der dieses Buch geschrieben wurde, ist demnach nicht die eines Wissenschaftlers oder Schriftstellers. Das Buch ist weder eine wissenschaftliche Studie noch eine Sammlung literarischer Essays. *H_2Olland* lässt sich am besten als eine Reihe von Ausflügen in die Geschichte, Kultur und Landschaft unseres Landes lesen, auf der Suche nach dem Ursprung der Niederlande und nach dem niederländischen Nationalcharakter oder nach dem, was das Niederländische ausmacht. Meine ideale Leserin könnte Prinzessin Máxima sein, die 2007 erklärte, sie habe, trotz sieben langen Jahren der Suche und trotz der Mithilfe von vielen Menschen, diese niederländische Identität noch immer nicht finden können.

Vielleicht findet sie in *H_2Olland* ein paar Hinweise darauf, dass sie einer Antwort auf ihre Frage bereits näher ist, als sie meint.

Die niederländische Künstlerin Birthe Leemeijer dachte sich einmal ein Kunstprojekt für den Vrouwenpolder in Zeeland aus mit dem Titel *Schaukeln über dem Meer.* Bei Ebbe ließ sie auf dem vorübergehend wasserfreien Strand eine große Schaukel aufstellen, auf der Besucher des Kunstwerks Platz nehmen konnten. Mit dem Einsetzen der Flut machten diese dann die einzigartige Erfahrung, über der Meeresbrandung zu schaukeln. Dieses Buch soll wie eine solche Schaukel über den Niederlanden hin und her schwingen, von der aus man frei schwebend die Ausblicke genießen kann, die sich dem Betrachter dort oben bieten. Hoffen wir, dass der Leo Belgicus sich diesen Aus- und Einblicken wohlwollend öffnet.

Amsterdam, Oktober 2008

Kapitel 1 ÜBER IRONIE UND SELBSTVERTEIDIGUNG

Von der Ironie heißt es, sie gehöre zum niederländischen Nationalcharakter. Ausländische Rezensenten, die Literaturübersetzungen aus dem Niederländischen besprechen, erwähnen jedenfalls oft den ironischen Ton der Autoren und sprechen in diesem Zusammenhang gelegentlich auch von Selbstironie, womit eine milde spottende Selbstbetrachtung gemeint ist. Selbstironie ist also das Gegenteil von Stolz, der ja gerade eine Art der Selbstbetrachtung ist, die sich über (Selbst)Kritik erhaben wähnt. Stolz, könnte man sagen, ist in den Niederlanden ein großenteils noch brachliegendes Gelände. Beim niederländischen Stolz handelt es sich um einen stillen Stolz, nicht um einen Stolz, der sich auf die Brust trommelt und von allen Dächern schreit, sondern um einen dünnhäutigen Stolz, der in der calvinistischen Tradition auch immer mit Gefühlen der Dankbarkeit und des Schuldbewusstseins verknüpft sein wird. Rita Verdonk, die Exgefängnisdirektorin, Exabgeordnete und Exministerin, gründete 2008 unter dem Namen »Trots op Nederland« (Stolz auf die Niederlande) eine rechte politische Bewegung und versuchte damit, an einen Nationalstolz zu appellieren. Die Umfragewerte bewiesen, dass sie zu Beginn Erfolg damit hatte, aber es ist die Frage, welche Stimmungen sie genau angesprochen hat. Es wirkte eher wie eine trübe Mixtur aus rechtslastiger Unzufriedenheit, populistischen Unlustgefühlen und fremdenfeindlichen Ressentiments. Was sitzt bei Niederländern dort, wo sich bei anderen Völkern der Stolz befindet?

Es ist ja nicht gerade leicht, auf sein Land stolz zu sein, allein schon wegen der Selbstüberschätzung, die man dazu braucht, wegen der Notwendigkeit, große historische Irrtümer zu beschönigen und bestimmte Entwicklungen und Ereignisse als »nationale Leistungen« zu reklamieren, die meist nichts Nationales an sich haben und ebenso wenig eine Leistung darstellen, auf die man stolz sein könnte. Leistungen, auf die wir Niederländer in der Vergangenheit stolz waren, etwa auf unsere weltweiten Erfolge als Seefahrernation im siebzehnten Jahrhundert, werden inzwischen von den dunklen Seiten der Geschichte überschattet, die von kolonialer Unterdrückung und Sklavenhandel berichten. Große Unternehmen wie Unilever, KLM oder Elsevier haben in den vergangenen Jahrzehnten ihr niederländisches Gesicht verloren, und die niederländischen Textil-, Flugzeug-, Schiffbau- und Automobilindustrien sind zum großen Teil verschwunden oder wurden von multinationalen Konzernen geschluckt, die sich per definitionem nicht mehr als niederländisch bezeichnen lassen. Worauf also sollte ein Niederländer so richtig stolz sein?

Am sichersten wäre es natürlich, der Welt den Stolz auf unsere vorbildlichen Künstler und Wissenschaftler zu präsentieren. Schon allein für das siebzehnte Jahrhundert ließe sich eine ganze Reihe von Künstlern anführen (Johannes Vermeer, Rembrandt van Rijn, Frans Hals), dazu noch Vincent van Gogh, das einsame Genie des neunzehnten Jahrhunderts, während hingegen die großen Schriftsteller und Gelehrten (Hugo de Groot, Desiderius Erasmus, Baruch de Spinoza, René Descartes), die in den vergangenen Jahrhunderten in den Niederlanden wirkten, entweder nicht niederländisch schrieben oder nicht aus den Niederlanden stammten, oder gar weder noch. Die größten Schriftsteller, die im siebzehnten, dem »goldenen« Jahrhundert in ihrem Heimatland in Niederländisch schrieben (Joost van den Vondel, Pieter Cornelisz, Hooft und Constantijn Huygens), werden erstens heute von meinen Landsleuten nicht mehr gelesen – die Veränderungen in Sprache und Rechtschreibung sind einfach zu radikal –, und zweitens sind diese Schriftsteller im Ausland völlig unbekannt und kaum übersetzt; also geht der stolze Blick etwas ins Leere.

Abgesehen von dem überragenden Schriftsteller des neunzehnten Jahrhunderts, dem Einzelgänger Multatuli – dem Vincent van Gogh unserer Literatur –, hat sich auch in den vergangenen anderthalb Jahrhunderten der internationale Rang unserer Literatur nicht grundlegend gebessert. Noch nie wurde einem niederländischen Romancier, Dichter oder Essayisten der Nobelpreis für Literatur verliehen. Und was die Gelehrten und Wissenschaftler angeht, liegt unser weltweiter Ruhm größtenteils hinter uns, mit einer goldenen Blütezeit im siebzehnten Jahrhundert (Christiaan Huygens, Antoni van Leeuwenhoek, Jan Swammerdam) und einer silbernen zu Beginn des zwanzigsten (Johannes van der Waals, Jacobus van 't Hoff, Hendrik Lorentz). In den Niederlanden wird vor allem von Spezialisten auf zweifellos hohem Niveau wissenschaftliche Forschung betrieben, aber ich glaube nicht, dass es auch nur einen zeitgenössischen niederländischen Wissenschaftler gibt, der auch jenseits seines Fachgebiets weltweit ein öffentliches Renommee besitzt. Der Sanskritist und Historiker Johan Huizinga, Verfasser klassischer Studien wie *Herbst des Mittelalters* und *Homo ludens*, war vermutlich der letzte Gelehrte, der diesem Bild entsprach. Um ein Haar hätte er 1939 den Nobelpreis gewonnen. Doch der ging damals – man sagt, aus politischen Gründen – an den finnischen Schriftsteller Frans Eemil Sillanpää, ein Name, der vermutlich nur noch wenigen etwas sagt. Diese Tatsache illustriert abermals, dass der Empfang des Nobelpreises nicht automatisch für größere Bekanntheit sorgt. Hinzu kommt, dass die Niederländer, vor allem wenn es sich um Zeitgenossen handelt, am liebsten von der Gleichheit aller ausgehen, statt von der Besonderheit des Einzelnen. Diese in sozialer Hinsicht lobenswerte Haltung hat zwar dazu beigetragen, dass unser Land ein toleranter, demokratischer Rechtsstaat ist, für das Ansehen von Kunst, Literatur, Bildung und Wissenschaft hatte sie allerdings weniger positive Auswirkungen. Autorität wird in den Niederlanden misstrauisch beäugt, nicht nur wenn es sich um Regierung, Gerichtsbarkeit und Polizei handelt, sondern auch wenn es um Wissen, Leistung oder Ansehen geht. Neben »Je maintiendrai« (Ich halte durch), der Devise im offiziellen niederländischen Staatswappen, gilt bei der niederländischen Bevölkerung das nationale Motto: »Sei wie du bist, dann bist du schon verrückt genug!«

Diese mehr als selbstironischen, und wie mir gerade eben bewusst wird, sogar fast ein wenig an nationalen Selbsthass grenzenden Überlegungen gingen mir auf dem Rückflug von Athen zum Amsterdamer Flughafen durch den Kopf. In Athen hatte ich meine sechsjährige Tochter die Akropolis besteigen lassen und ihr den Parthenon und das Erechtheion gezeigt. Auf dem Weg zum Flughafen besichtigten wir noch im Archäologischen Nationalmuseum die goldenen Totenmasken aus Mykene und den Trinkbecher König Nestors von Pylos mit den zwei Tauben. Wir streiften ein wenig durch Säle mit Skulpturen, Schmuck und Vasen einer Zivilisation, die vor etwa 3500 bis 2500 Jahren ihre Blütezeit hatte. Zu dieser Zeit war das Territorium der heutigen Niederlande ein größtenteils unbewohnbares, sumpfiges Mündungsgebiet, dessen wenige Bewohner quasi noch in der Steinzeit lebten.

Wenige Stunden später hielten meine Tochter und ich beim Anflug auf Schiphol durch das ovale Fenster Ausschau nach Erkennungspunkten in der Landschaft tief unter uns. Und das Erste, was ich erkannte und worauf ich sie überrascht aufmerksam machte, war eine winzig kleine Insel inmitten der immensen Wassermassen des IJsselmeers. »Schau dort, Pampus!«, rief ich begeistert aus. Im selben Augenblick kam eine Art tragikomischer Scham über mich, dass ich meine Tochter – nach allen Kulturwundern, die wir erst morgens im Archäologischen Museum gesehen hatten – jetzt für eine hässliche zementierte Verteidigungsanlage vom Ende des neunzehnten Jahrhunderts zu begeistern suchte, die im Wasser liegt wie vom Himmel gefallener Weltraumschrott. Aber meine Tochter sah das ganz anders und rief erfreut: »Sieht aus wie eine Steckdose.« Und sie hatte recht: Mit den zwei großen, runden Löchern, in denen früher gewaltige drehbare Krupp-Kanonen standen, wirkt Pampus von oben

Luftaufnahme der Insel Pampus

gesehen wirklich wie eine Steckdose. Und die eignet sich sehr gut, um aus ihr einige einführende Aussagen über die Niederlande herunterzuladen. Es gibt nur wenige Bauwerke, die so klar und komprimiert darüber Auskunft geben, wie sich die Niederlande als Nation zu der sie umgebenden Welt verhalten.

Zunächst einmal ist die Insel Pampus, wie im Grunde alles in den Niederlanden, künstlich. Es handelt sich um eine von Menschenhand im Wasser der damaligen Zuiderzee errichtete militärische Festungsanlage, die für die sogenannte »Stellung von Amsterdam« – einen Ring von Forts und anderen Verteidigungsanlagen zum Schutz der Hauptstadt und ihrer Umgebung vor feindlichen Angriffen – von entscheidender Bedeutung war. In den 1840er Jahren wurden die Bollwerke und Mauern um die Stadt Amsterdam herum abgerissen. In den darauf folgenden Jahrzehnten hielt sich das Königreich der Niederlande möglichst fern von internationalen politischen Spannungen. Der Deutsch-Französische Krieg von 1870/71, in dem neuere und stärkere Geschütze als je zuvor eingesetzt wurden, schürte bei der niederländischen Regierung Besorgnis. Die Nieuwe Hollandse Waterlinie, eine Reihe von Festungen, die in den ersten Jahren des Königreichs zwischen dem IJsselmeer und dem Brabanter Naturpark Biesbosch angelegt worden waren, galt nun nicht mehr als vollwertiger Schutz gegen einen eventuellen feindlichen Einmarsch. Daher wurde beschlossen, dass sich das Königreich im Falle einer drohenden Besetzung so weit wie möglich in die Hauptstadt Amsterdam zurückziehen und diese als »nationaal reduit«, als nationalen Rückzugsraum und letzte Bastion, bis aufs Äußerste verteidigen müsse.

Für diese Verteidigung griff man auf eine seit dem siebzehnten Jahrhundert vielfach erprobte Abwehrstrategie zurück. Wie Russland gegen Napoleon und später gegen Hitler die sogenannte »Taktik der verbrannten Erde« zur nationalen Verteidigung einsetzte, das heißt Rückzug von Menschen und Gütern, Aufgabe von Raum und Niederbrennen von Erntevorräten, Brücken, Häusern usw. in diesem Land, so hatte man in den Niederlanden gute Erfahrungen mit dem Einsatz von Wasser gemacht, dem einzigen Mittel, das uns im Überfluss zur Verfügung steht. Weite Teile des Landes, vor allem belagerte oder auch nur bedrohte Städte wurden geflutet, und zwar so, dass das Wasser zu tief zum Durchwaten, aber nicht tief genug für die Durchfahrt von Kriegsschiffen war. Derartige Überflutungen (Inundierungen) hatte man beispielsweise gegen die Franzosen (1672), die Preußen (1787) und gegen die Engländer und die Russen (1799) eingesetzt.

Zur etwa zwischen 1885 und 1914 aufgelegten »Festung Amsterdam« gehörten neben dem taktischen Mittel der Inundierung insgesamt sechsunddreißig Forts, zwei Küstenforts, zwei Festungen, drei Batterien und zwei Küstenbatterien. Außerdem waren allerlei Einlaufschleusen, Nebenbatterien und Magazine Teil dieses ingeniösen Verteidigungssystems. Allerdings gab es eine gefährliche Schwachstelle in der IJ-Mündung, am äußersten südwestlichen Zipfel der Zuiderzee. Deshalb wurde dort, unter Ausnutzung einer Untiefe auf dem Meeresboden, auf Tausenden von Rammpfählen die Festungsinsel Pampus angelegt und 1895 fertiggestellt. Pampus diente vornehmlich dem Zweck, einer Beschießung der Stadt Amsterdam vom Meer aus Einhalt zu gebieten und den Feind daran zu hindern, auf diesem Wege Überflutungen auf dem Festland zu umfahren. Diese 200 auf 160 Meter große Insel – das entspricht etwa zwei nebeneinanderliegenden Fußballfeldern – kann noch immer besucht werden. Mit dem Schiff ist sie in ungefähr zwanzig Minuten von Muiden aus erreichbar, das wegen seiner sehr viel prachtvolleren Befestigungsanlage des aus dem Mittelalter stammenden Muiderslot, des Schlosses von Muiden, berühmt ist. Man kann auch heute noch durch das scheinbar endlose Labyrinth der in der Sohle von Pampus angelegten Gänge, Speisesäle und Schlafräume schweifen, in denen jahrelang eine Artilleriekompanie hauste.

Die Furcht vor einem feindlichen Beschuss oder Einfall ist tief verwurzelt und lässt sich leicht erklären. Sie gründet in erster Linie in der aus militärischer Sicht so verletzlichen geographischen Lage unseres Landes. Auf zwei Seiten ist es vom offenen Meer aus und an den anderen beiden Seiten vom platten Land aus leicht einzunehmen. Überdies ist die Geschichte der Niederlande im Großen und Ganzen die einer lange währenden, mehrfachen Fremdherrschaft. Die Vorgeschichte unseres Landes endete um das Jahr 57 vor unserer Zeitrechnung, als die Römer nach der Eroberung Galliens (des heutigen Frankreich) zum ersten Mal in das Grundgebiet der heutigen Niederlande einmarschierten. Dreißig Jahre später schickte Kaiser Augustus seine Heere unter dem Oberbefehl seines Schwiegersohnes Drusus abermals nach Norden, wo sie den südlichen Teil des heutigen niederländischen Territoriums für längere Zeit besetzten und dem römischen Reich einverleibten. Die Grenze bildete der Fluss Oude Rijn, von Nijmegen im Osten, wo ein großes römisches Heerlager angelegt wurde, bis nach Katwijk an der Nordsee im Westen.

Die Tatsache, dass die Römer das restliche Gebiet der Niederlande unbehelligt ließen, hat weniger mit Krieg oder dem Widerstand der Bataver, der Kanninefaten oder der Friesen zu tun – wie es Verfechter des vaterländischen Heroismus gern hätten –, sondern mehr mit der Tatsache, dass »die restlichen Niederlande«, vor allem der Westen und der Norden, ein unpassierbares, morastiges Sumpfdelta waren. Nur der Süden, die Mitte und der Osten hatten mit ihren Sand-, Lehm- und Moorböden einen gewissen wirtschaftlichen Wert, sowohl als geeignete Böden für Ackerbau und Viehzucht als auch wegen der durchgängigen Wasserwege. Weiter östlich, auf dem heute deutschen Territorium, trafen die Römer in den folgenden Jahren durchaus auf einigen

Widerstand, der im Jahr 9 nach unserer Zeitrechnung in der schmählichen Niederlage gegen die Germanen unter Arminius in der Schlacht vom Teutoburger Wald kulminierte, knapp hinter der Grenze auf der Höhe des heutigen niederländischen Oldenzaal. Abgesehen von einem von Julius Civilis 69–70 angeführten, aber schon bald von Rom niedergeschlagenen batavischen Aufstand, gelang es den Römern, unsere Gefilde drei Jahrhunderte lang ziemlich stabil unter Kontrolle zu halten, bis sie im letzten Viertel des dritten Jahrhunderts allmählich den einfallenden germanischen Stämmen weichen mussten. Die letzten römischen Legionen wurden 406 abgezogen und ließen unser Land in einer Art Grauzone zwischen seiner früheren morastigen Urgeschichte und dem nahenden Mittelalter zurück.

In den folgenden Jahrhunderten waren die Niederlande eigentlich immer eine Provinz anderer Reiche, ein Gebiet, das sich nach fremden Herrschern zu richten hatte und regelmäßig den Raubzügen plündernder germanischer Stämme oder der Wikinger ausgesetzt war. Ob es sich nun um Merowinger oder Franken handelte, danach um das Heilige Römische oder später das Deutsche Reich – holländische Souveränität und Freiheit lagen noch in weiter Ferne. Im Grunde waren die Niederlande jahrhundertelang immer ein abgelegener Außenposten fremder Mächte gewesen, eine Provinz, die an fernen Verhandlungstischen, bei Friedensgesprächen oder bei der Erbfolge einmal dem einen Herrscher zufiel und dann wieder einem anderen Reich zugeschlagen wurde. Erst um 1100 entstand aus dem Lehnwesen innerhalb des Heiligen Römischen Reichs allmählich ein Flickenteppich von Grafschaften, der dann im ausgehenden Mittelalter von Süden her ins Burgundische Reich eingegliedert wurde. 1464 traten in Brügge zum ersten Mal die Generalstaaten zusammen. Die Vertreter der immer mehr verstädterten »Provinzen« konnten ihre Interessen gegenüber der burgundischen Zentralmacht bis zu einem gewissen Grad durchsetzen. Anders die Nördlichen Niederlande. Sie blieben weiterhin zunächst als Teil des zentralistischen habsburgischen Reichs unter Karl V., später unter dem ebenso zentralistischen spanischen König Philipp II., ein beinahe kolonialer Besitz der großen europäischen Dynastien.

Die neuen Ideen von Martin Luther und Johannes Calvin wurden in den niederländischen Gebieten auch deshalb so begeistert aufgenommen, weil sie ideologische Munition gegen die fremden katholischen Unterdrücker bereitstellten. So wurde der Konflikt zwischen den Orangisten (»Oranjegezinden«) um Wilhelm von Oranien, den »Vater des Vaterlandes«, und König Philipp II. in der zweiten Hälfte des sechzehnten Jahrhunderts gleichzeitig zum politischen und religiösen Kampf. Der Bildersturm von 1566, bei dem Protestanten mehr als vierhundert katholische Kirchen, Abteien, Klöster und Kapellen vom »päpstlichen Aberglauben« säuberten, war für Philipp sogar Anlass, seine Heere in die Niederlande zu schicken, und bildete den Anfang des Aufstandes, der als der Achtzigjährige Krieg bekannt wurde. Der Mord an Wilhelm von Oranien 1584, provoziert von einem katholischen Bannspruch Philipps II., kann daher auch als ein Schlüsselereignis im mühsamen Kampf um die Souveränität der Niederlande gesehen werden. Vier Jahre später wurde die Souveränität eine Tatsache, als die Sieben

Provinzen 1588 die Republik der Vereinigten Niederlande proklamierten. Damit wurde ein im Europa der Fürstenhäuser einzigartiges Verwaltungssystem geschaffen. Der Friede von Münster beendete 1648 unter anderem den Achtzigjährigen Krieg zwischen den Niederlanden und Spanien definitiv. Damit wurde die Unabhängigkeit der Niederländischen Republik sowohl vom deutschen Kaiser als auch vom König von Spanien endlich anerkannt.

Das so lange unterdrückte und aufgestaute niederländische Streben nach einem eigenen souveränen Staat, vom Abzug der römischen »Besatzer« im Jahre 406 bis zur Gründung der Republik der Vereinigten Niederlande 1588, wurde im ruhmreichen siebzehnten Jahrhundert in Form eines seltsam fanatischen Handelsgeistes, einer grenzenlosen kolonialen Expansion, einer kühnen Seefahrtpolitik und eines enormen Drangs nach Freiheit, Reichtum und Erfolg möglicherweise etwas überkompensiert. Eine Republik mit gewähltem Statthalter als einer Art Ministerpräsidenten einerseits und andererseits – um immer wieder zum erforderlichen Konsens zu finden – einem immensen Beratungsbedarf innerhalb und zwischen den Provinzen erwies sich in schwierigen Zeiten als eine behäbige, nicht adäquate Verwaltungsform. Überdies hat die Monarchie, neben allerlei Nachteilen, auf jeden Fall den Vorteil, dass es wegen der Erbnachfolge nur selten Unklarheiten gibt. In der Niederländischen Republik führte diese Frage vor allem im achtzehnten Jahrhundert wiederholt zu Konflikten und Stagnation, besonders, als sich nach dem »goldenen« siebzehnten Jahrhundert die wirtschaftliche Situation der Niederlande erheblich verschlechterte. Letzten Endes verpasste das Fehlen einer höfischen Kultur im siebzehnten und achtzehnten Jahrhundert der niederländischen Kunst und Kultur einen ziemlich biederen, beschränkten Charakter, in dem die große Geste, prunkvolle Paläste, königliche Konzerte oder eine Tradition kosmopolitischer Geselligkeiten eigentlich bis heute schmerzlich fehlen. Die niederländische Kultur war immer hauptsächlich eine Sache von und unter Bürgern, die nun einmal nur dann etwas kaufen, wenn es nicht zu teuer ist und gut zum restlichen Interieur passt. Im Bereich der Literatur lässt sich zwischen 1750 und 1850 bei kritischer Betrachtung kein niederländischer Schriftsteller oder Dichter finden, den man überzeugt als das Pendant europäischer literarischer Größen wie Goethe, Shelley oder Chateaubriand bezeichnen könnte.

Allen Überflutungstaktiken zum Trotz zogen im Januar 1795 die französischen Heere, ohne auf nennenswerten Widerstand zu stoßen, über die großen Flüsse Schelde, Maas und Rhein. Es fror nämlich Stein und Bein. In den Niederlanden hallte die Französische Revolution von 1789 eher samten nach. Die holländischen Regenten machten diensteifrig Platz; Wilhelm V. Batavus Prinz von Oranien, der letzte Statthalter, floh nach England. Erst nach der Napoleonischen Zeit sollte der Sohn des vertriebenen Statthalters in die Niederlande zurückkehren, um sich 1815 zum König Wilhelm I. ausrufen zu lassen. Die strikte Neutralitätspolitik, die von den Niederlanden im Lauf des restlichen neunzehnten Jahrhunderts auf der europäischen politischen Bühne beachtet wurde und die unser Land später auch sicher an einer aktiven Teilnahme am Ersten Weltkrieg vorbeilotste, hat ihren Ursprung natürlich in den vielen Fremdherrschaften und Besetzungen, die das Land überstehen musste. Aus der Geschichte erklärt sich auch der spätere leidenschaftliche Einsatz der Niederlande auf der internationalen politischen Bühne, ob es sich dabei um die internationalen Weltfriedenskonferenzen um 1900 handelte, um die Rolle, die zahlreiche Niederländer in den verschiedenen Phasen und in diversen Institutionen der europäischen Integration und der atlantischen Zusammenarbeit spielten, um die Ansiedlung des Internationalen Gerichtshofs in Den Haag oder um die Teilnahme an aufeinanderfolgenden Friedensmissionen der Vereinten Nationen in den vergangenen Jahren. Der tiefgreifende Einschnitt und die stark anhaltende Nachwirkung der fünfjährigen Besetzung unseres Landes durch Nazi-Deutschland muss ebenfalls vor diesem Hintergrund gesehen werden.

Pampus hat, wie der Rest der »Stellung Amsterdam«, niemals eine wirkliche militärische Rolle gespielt, weder im Ersten Weltkrieg noch im Zweiten, als Flugzeuge, und damit die Möglichkeit von Luftangriffen und Luftlandungen mit Fallschirmspringertruppen, den Charakter feindlicher militärischer Angriffe völlig veränderten. Nur die beiden gewaltigen Krupp-Kanonen haben im Zweiten Weltkrieg noch einen Nutzen erbracht: Sie wurden während der Besetzungszeit von den Deutschen demontiert und abtransportiert, um in Deutschland zu neuen Waffen umgeschmolzen zu werden. Die ramponierte Festungsinsel wurde vor kurzem restauriert und wird heute für Festveranstaltungen, Hochzeiten und Führungen genutzt. Ich selbst habe dort einmal für eines meiner Kinder ein Geburtstagsfest organisiert. Damit zeigt sich, dass neben allen historischen, politischen und militärischen Assoziationen, die die winzige Insel Pampus heraufbeschwören kann, die Ironie nicht nur eine Nationaleigenschaft der Niederländer ist, sondern auch ein Merkmal der Geschichte insgesamt.

Kapitel 2 DER SPIEGEL DER STADT

Das kleinste Gewässer der Niederlande ist der runde Minisee im WC, das größte Gewässer die Nordsee. Das erste ist strikt privat, das zweite gehört allen, was jedoch nicht bedeutet, dass das eine sauberer als das andere wäre. Zwischen diesen beiden Extremen, irgendwo in der Mitte zwischen dem gänzlich individuellen und dem komplett kollektiven, ist da noch das öffentliche Wasser. In den ländlichen Regionen der Niederlande gibt es traditionell die Pumpe neben der Dorfkirche, die Wassergräben durch Ackerland und Weiden oder den kleinen Fluss, der an einer Provinzstadt vorüberfließt. All dieses ländliche Wasser gehört aber mehr zur Natur als zur dortigen Bebauung. Am wichtigsten ist das öffentliche Wasser für die Städte.

Viele niederländische Städte lassen sich danach charakterisieren, welchen Stellenwert sie im Lauf der Zeit dem Wasser und seinen Funktionen einräumten. Gebäude können im Prinzip überall errichtet, Straßen unbegrenzt verlegt werden, bis sie beim Vergleich mit alten Fotos kaum mehr wiederzuerkennen sind, öffentliches Wasser dagegen hinterlässt in einer Stadt historische Spuren, die sich fast nicht tilgen lassen. Ein Beispiel sind die zugeschütteten Grachten, die man in zahllosen historischen Innenstädten findet, etwa das Overdiep in Groningen, die Elandsgracht in Amsterdam, die Laat in Alkmaar, das Levendaal in Leiden oder die Oude Gracht in Haarlem. Aus verkehrstechnischen und aus hygienischen Gründen wurden die Grachten einst zugeschüttet, doch wer heute dort entlanggeht oder -fährt, den überkommt noch immer ein »Grachtengefühl«, das heißt, es ist unverkennbar, dass hier einstmals Wasser floss. Die Häuserzeilen stehen sich gegenüber, als flösse noch immer Wasser zwischen ihnen, und vor dem inneren Auge meint man zu sehen, wie sich die Fassaden in dem nicht mehr vorhandenen Wasser spiegeln.

Um die Wende vom neunzehnten zum zwanzigsten Jahrhundert wütete in Amsterdam ein wahres Zuschüttungsfieber. In der Folge verschwanden Dutzende von Grachten, und die historische Geographie der alten Innenstadt wurde damit in erheblichem Ausmaß zerstört. Die Proteste empörter Amsterdamer kulminierten in einem lange währenden Kampf gegen die geplante Zuschüttung der Reguliersgracht, die von der Lijnbaansgracht bis zum Thorbeckeplein verläuft. Diese hübsche kleine Gracht, die genau wie die Leidse- und die Leliegracht die Keizersgracht quert und in die Herengracht einmündet, blieb schließlich verschont und wurde erhalten. Aus der regen Protestbewegung gegen die drohende Zuschüttung ging der Verein »Ons Amsterdam« hervor, der sich für die Erforschung und den Erhalt des historischen Amsterdam einsetzt.

Selbst in einem Land wie den Niederlanden, wo Wasser doch überall in Hülle und Fülle zu finden ist und kaum mit dem Kühlungseffekt argumentiert werden kann wie etwa bei den Teichen in Pariser Parkanlagen oder den römischen

Springbrunnen, hängen die Menschen offenbar an städtischen Gewässern. Durch Wasser entsteht ein ganz eigenes Licht, es sorgt für ein beruhigendes Wellenspiel und bietet Möglichkeiten für Transport und Unterhaltung. In Leiden und in Amsterdam habe ich jahrelang Wohnungen an verschiedenen Grachten gehabt. An alle habe ich die besten Erinnerungen, gerade wegen des besonders abwechslungsreichen Blicks aus dem Fenster auf das Wasser, tagsüber und abends, und weil man bei schönem Wetter einen Stuhl vors Haus stellen und mit Vergnügen das Leben dort beobachten konnte.

Der hufeisenförmige, vierfache Gürtel konzentrisch angelegter Grachten macht Amsterdam zur repräsentativsten niederländischen Stadt, in der man auf diese Weise mit und an öffentlichem Wasser leben kann. Städte wie Haarlem, Dordrecht, Leiden, Utrecht, Delft, Alkmaar und kleinere Orte wie Hoorn, Enkhuizen und Edam sind gewissermaßen Miniaturausgaben dieser Amsterdamer Grachtenanlage aus dem siebzehnten Jahrhundert und verdanken ihr – im kleineren und deshalb bisweilen charmanteren Format – dieselbe Stimmung. Wie man auf der Insel Murano das Gefühl hat, eine noch nicht voll ausgereifte Version, eine Art bewegendes Vorstadium der größeren Stadt Venedig zu besuchen, so wirkt beispielsweise Edam wie ein maßstabsgetreues Amsterdam-Modell, wie ein unschuldiger Knirps neben seinem großen, arroganten und verkommenen Bruder.

Das soll übrigens nicht heißen, dass die Grachten in Amsterdam und anderswo aus ästhetischen Gründen angelegt wurden. Vielmehr führten ganz praktische Überlegungen dazu, dass sich die Stadt in ihrer größten Blütezeit im siebzehnten Jahrhundert ausbreitete, von ihrem mittelalterlichen Urkern bei einem Damm in der Amstel aus in alle Himmelsrichtungen, mit in immer weiteren Ringen angelegten Grachten. Nach dem Singel entstanden seit 1612 nacheinander die Herengracht, die Keizersgracht und schließlich – als längste von allen – die Prinsengracht. 1658 wurden sie in östlicher Richtung weitergeführt und bekamen so ihre charakteristische Hufeisenform. Anfangs waren diese praktischen Gründe noch der Stadtverteidigung geschuldet, später kamen vor allem die Bevölkerungsexplosion in der wirtschaftlich prosperierenden Stadt, der Gütertransport auf dem Wasser, die Abfuhr des Stadtmülls und der Schutz vor Hochwasser durch die Regulierung der Pegelstände in der Stadt hinzu. Die Pegelstände wurden durch ein raffiniertes Schleusensystem gesteuert, von dem noch heute an vielen Stellen der Stadt Reste erhalten sind.

Im Lauf der Jahre habe ich verschiedene Abschnitte der Amsterdamer Hauptgrachten gut kennengelernt, weil ich an den Grachten wohnte oder arbeitete oder regelmäßig Büros oder Freunde aufsuchte. Um die vier Hauptgrachten in der richtigen Reihenfolge (von außen nach innen) zu behalten, war ich in den ersten Jahren mitunter auf den Merkspruch »Piet Koopt Hoge Schoenen«, Piet kauft hohe Schuhe, als Eselsbrücke angewiesen, der die Anfangsbuchstaben der vier Grachten memoriert. Doch rasch lernt man, dass jeder dieser Grachtenabschnitte ein eigenes kleines Viertel ist, und entdeckt feste Wegzeichen: eine Kirche, eine Nebengracht, eine Einkaufsstraße oder ein charakteristisches Eckhaus. Trotzdem verlaufen sich selbst gestandene Amsterdamer gelegentlich, was auch damit zusammenhängt, dass jede der Amsterdamer Grachten schönere und weniger schöne, teurere und weniger teure, höher aufstrebende und niedrigere Häuserfronten besitzt. Wer in der Gouden Bocht, der Goldenen Kurve, an der Herengracht zu Hause ist (also etwa zwischen den Hausnummern 400 und 500), wohnt in einem ganz anderen Gebäudetyp – eher einer Art Stadtpalais – als jemand vom Anfang der Prinsengracht, wo hinreißende, aber bescheidenere Häuser aus dem siebzehnten Jahrhundert zu finden sind. Obwohl natürlich beide mit Fug und Recht sagen dürfen, dass sie an einer Amsterdamer Gracht wohnen.

Die große städtebauliche Tragik Amsterdams als Wasserstadt liegt im Bau des Hauptbahnhofs. Denn diese Schöpfung des großen Architekten Pierre Cuypers aus den Jahren 1881–1889 hat die Stadt definitiv von ihrer besonders charakteristischen Uferlinie, dem offenen Zugang zur IJ-Bucht, abgeschnitten. Mit der Anlage des neuen großen Bahnhofs wurde die dringend benötigte Verbindung zwischen dem Bahnhof Willemspoortstation (Richtung Haarlem), westlich vom Zentrum gelegen, und dem südöstlich gelegenen Bahnhof Rhijnspoorstation (Richtung Utrecht) hergestellt. Ursprünglich war jedoch die IJ-Bucht für Amsterdam die Verbindung zum IJsselmeer (der früheren Zuiderzee) und später – über den 1876 eröffneten Noordzeekanaal – zur Nordsee. Die Offenheit, die Weite des Wassers und damit der einzigartige Blick vom Wasser auf die alte Stadt wurden damals der Eisenbahn, dem Traum von Dampf und Eisen, geopfert.

Will man sich das Amsterdam des siebzehnten Jahrhunderts vergegenwärtigen, muss man in Gedanken alle zugeschütteten Grachten wieder freilegen und mit Wasser füllen (und sich natürlich alle geparkten und fahrenden Autos wegdenken) und sich das gesamte nördlich gelegene Gebiet der alten Stadt – vom Haarlemmerpoort, dem Haarlemer Tor, im Westen bis zum Scheepvaartmuseum, dem Schifffahrtsmuseum, im Osten – als eine einzige Hafenfront vorstellen. Dort kam man früher mit dem Schiff in der Stadt an und sah vom Wasser aus Kirchtürme, Stadttore und auf dem Dam die Silhouette des heutigen Paleis op de Dam, des damaligen Rathauses und heutigen Königspalastes, hoch aufragen.

Durch den Verlust dieses freien Blicks vom Meer auf Amsterdam wurde die Innenstadt in sich selbst eingesperrt. Der Begriff »Grachtengürtel« hat inzwischen sogar eine pejorative Nebenbedeutung bekommen und bezeichnet eine geschlossene, selbstbezogene Clique, die sich mit ihren kulturellen und materiellen Ansprüchen über den Rest der Stadt und gar über den Rest der gesamten Niederlande erhaben fühlt. Erst in den neunziger Jahren des vergangenen Jahrhunderts wurde begonnen, die städtebaulichen Möglichkeiten der südlichen IJ-Ufer, der alten Handelskais östlich und westlich vom Hauptbahnhof und der inzwischen aufgegebenen Industriegebiete am IJ zu nutzen. Im Eiltempo zog man hier an Stelle der früheren Werften, Docks und Lagerhäuser Wohnviertel hoch. Wohn- und Bürokomplexe stehen heute parallel zu der Bahntrasse, die die IJ-Bucht von Amsterdam abschneidet. Auch große kulturelle Prestigeprojekte wurden dort realisiert, beispielsweise ein Konzerthaus für zeitgenössische Musik (das Muziekgebouw), eine Öffentliche Bibliothek (die Openbare Bibliothek Amsterdam, OBA) mit einer Grundfläche von 30 000 Quadratmetern sowie ein Konservatorium. Ob allerdings auf dieser Seite der Stadt, angesichts der Abschottung vom Wasser durch Straßen und Eisenbahntrassen, je wieder ein städtisches Herz schlagen wird, ist sehr die Frage.

Trotz wiederholter und großer Investitionen im Lauf des vergangenen Jahrhunderts in die weiter westlich und nördlich gelegenen Hafengebiete sowie in die Wasserwege, die Amsterdam mit der Nordsee verbinden, ist die Stadt schon längst keine echte Hafenstadt mehr. Ein Beispiel ist das teure Containerterminal am Nordseekanal, das im vergangenen Jahrzehnt den wechselnden Wirtschaftsdezernenten schwer im Magen lag. Es gelang einfach nicht, aus dem Kreis der großen Seefrachtunternehmen internationale Kunden in die Stadt zu ziehen. So wurde das Containerterminal, dessen Kräne schon von weitem zu sehen sind, zu einem Denkmal der Halsstarrigkeit, mit der Amsterdam an seinen historischen Hafenambitionen festhalten wollte. Bezeichnend für die Gier, mit der die Hauptstadt den Wettkampf mit dem inzwischen viel größeren Rotterdamer Hafen durchzieht, ist eine Pressemeldung der Zeehavens Amsterdam, der Amsterdamer Hafenbehörde, vom 20. August 2007. Dort wird mitgeteilt, dass man in den Halbjahreszahlen der Amsterdamer Häfen für 2006 den realisierten Umschlag leider falsch berechnet habe; statt um 9,2 Prozent habe sich der Umschlag lediglich um 1,8 Prozent erhöht. In Wirklichkeit wurden im Rotterdamer Hafen fast fünfmal mehr Güter umgeschlagen als in den Häfen von Amsterdam, Zaanstad, Beverwijk, Velsen und IJmuiden zusammen. Eine der wenigen Hafenaktivitäten, deren sich Amsterdam in jüngster Zeit zu Recht rühmen kann, ist eine rein touristische: Immer mehr große Kreuzfahrtschiffe legen in der Stadt an. 2007 waren es 78 und 2008 schon circa 120, mit insgesamt mehr als 200 000 Touristen, die Amsterdam besuchen wollten.

Heute haftet dem Treiben auf den Wasserläufen in Amsterdam vor allem etwas Pittoreskes an. Das Bild bestimmen die Boote der Grachtenrundfahrten, die kleinen privaten Motorboote, im Sommer mit einem Kasten Bier an Bord, sowie die allgegenwärtigen Canal Bikes – Tretboote, aus denen manch ein Tourist tüchtig nassgespritzt aussteigt, nicht vom Regen, sondern von ungeschickten Manövern beim Ausweichen vor einem plötzlich unter einer Brücke hervorschießenden Rundfahrtboot. Die für Amsterdam repräsentativsten Veranstaltungen auf dem Wasser sind das alljährliche Grachtenfestival (ein Festival mit klassischer Musik, das auf der Prinsengracht und entlang der IJ-Bucht veranstaltet wird), die traditionelle alljährliche Gay-Pride-Schiffparade und alle fünf Jahre die Sail Amsterdam. Vor allem das letztgenannte Spektakel, bei dem unzählige historische Segelschiffe der Amsterdamer IJ-Bucht noch einmal das Aussehen ihrer einstigen Glanzzeit im siebzehnten Jahrhundert verleihen, illustriert, wie sehr der Hafen unserer Hauptstadt ein historisches und kein zeitgenössisches Phänomen ist.

Die Durchfahrt durch die IJ-Bucht und damit die Anbindung des Amsterdamer Hafens an die Zuiderzee wurde bereits im siebzehnten Jahrhundert wegen Verschlickung und Versandung immer heikler. Segelschiffe mussten schon damals mit speziellen Caissons, Senkkästen aus Holz (den sogenannten Schiffskamelen), über die Untiefe vor Pampus gezogen werden. Als dieses Problem mit der Intensivierung der kommerziellen Schifffahrt im neunzehnten Jahrhundert immer brisanter wurde, versuchte die niederländische Regierung auf Drängen der Amsterdamer intensiv, die Hauptstadt in ihren maritimen Ambitionen zu stärken. Zwei Kanalbauten sind hier vor allem zu nennen: der 1824 fertiggestellte Noordhollandkanaal bis Den Helder an der nördlichsten Spitze Nordhollands und ein halbes Jahrhundert später die Anlage des Noordzeekanaal, der für immer größere Schiffe mehrfach tiefer ausgehoben wurde. Trotzdem wurde im Lauf des zwanzigsten Jahrhunderts, vornehmlich in der Zeit nach dem Zweiten Weltkrieg, jedem klar, dass Rotterdam als einzige Stadt in den Niederlanden einen Welthafen besitzt.

Wer in Rotterdam »Wasser« sagt, meint den Hafen. Und zwar nicht die Hafenansicht, als Bild zum Anschauen, sondern den Hafen als wirtschaftliche Basis und Entwicklungsmotor für die Stadt an der Maas. Rotterdam schöpft seine Überlegenheit aus der günstigeren Lage zur Nordsee. Dazu kommt die 1872 eröffnete Neue Wasserstraße, der Nieuwe Waterweg, und die bessere Lage der Stadt zu ihrem Hinterland, speziell für den Transit per Schiff und Zug ins Ruhrgebiet. So gelang es Rotterdam, als sich die Industrielle Revolution schließlich in den Niederlanden durchsetzte, sich in relativ kurzer Zeit zu einer Hafenstadt von Weltniveau zu entwickeln und Amsterdam zu überflügeln. Zwischen 1850 und 1900 konnte die Maasstadt ihren Anteil am gesamten in den Niederlanden deklarierten Schiffsvolumen nahezu verdoppeln (von 35,7 auf 66,9 Prozent oder in absoluten Zahlen: von 0,3 Millionen Bruttoregistertonnen auf 6,3 Millionen Tonnen). 2007 stieg dieses Volumen auf die unglaubliche

Menge von 406,8 Millionen Tonnen an, allerdings war der Rotterdamer Hafen dafür auch seit dem Zweiten Weltkrieg aufsehenerregend in Richtung Westen erweitert worden, bis hinter das Hoek van Holland. Hinsichtlich der umgeschlagenen Tonnage ist der Rotterdamer Hafen etwa zweimal so groß wie der von Antwerpen und dreimal so groß wie der Hamburger Hafen. Auch als Containerhafen gehört Rotterdam zu den weltgrößten, obwohl in dieser Rangliste einige asiatische Häfen vor Rotterdam stehen (Singapur und Shanghai sind sogar zweieinhalb Mal so groß wie Rotterdam). Doch auch hier rangiert Rotterdam noch knapp vor Hamburg.

In die Beschreibung Rotterdams als Welthafenstadt schleichen sich so unbemerkt Begriffe aus der Sportberichterstattung ein, was nicht weiter verwunderlich ist, denn diese Art von Handel ist ungemein wettbewerbsorientiert. Jedes Schiff, jeder Container, jede Tonne Schüttgut, die hereingeholt wird, geht eben nicht an einen anderen Hafen. Und um diesen Vorsprung zu erzielen, ihn beizubehalten und möglichst auszubauen, ist Arbeit erforderlich, Arbeit und noch einmal Arbeit. Amsterdam war im siebzehnten Jahrhundert ein weithin bekannter Stapelhafen, das heißt, Güter wurden per Schiff dorthin transportiert, die Ladung wurde gelöscht und in Lagerhäusern gestapelt. (Die sind inzwischen allesamt zu Apartments umgebaut, deren wesentliches Merkmal darin besteht, dass man dort den ganzen Tag im Dunkeln sitzt.) Der moderne Rotterdamer Hafen ist dagegen ein Transithafen, von dem aus die meisten per Schiff umgeschlagenen Güter möglichst schnell weiterbefördert werden, per Schiff, per Zug, per Lastwagen oder per

Flugzeug. Auf der Website des Rotterdamer Hafens rühmt man sich damit, dass morgens eingetroffene Güter noch am selben Tag in Belgien, Deutschland, Frankreich oder England landen können. So bleibt der Rotterdamer Hafen etwa als Umschlagshafen auch künftig ein attraktiver Kooperationspartner für die ständig wachsende Menge europäischer Importe aus China. Und die weitere Ausdehnung des Hafengebiets – etwa in Form einer zweiten sogenannten Maasvlakte, eines großen Industrie- und Hafengebiets auf einer zu schaffenden künstlichen Insel in der Nordsee – steht deshalb ständig auf der Agenda.

Dass es Rotterdam gelungen ist, sich die Position eines Welthafens zu erobern, ist nicht in erster Linie das Verdienst einer Vision oder der Politik der niederländischen Regierung. Der Architektur- und Stadtentwicklungshistoriker Auke van der Woud hat in seinem Buch *Een nieuwe wereld. Het ontstaan van het moderne Nederland* (2006) (Eine neue Welt. Das Entstehen der modernen Niederlande) überzeugend dargelegt, dass Regierung und Parlament im Kampf um den Vorrang der Hafenstädte Amsterdam und Rotterdam noch nach dem Zweiten Weltkrieg eher der Amsterdamer Lobby ihr Ohr liehen. Man könnte sagen, dass die Pro-Amsterdam-Haltung keiner der beiden Städte etwas gebracht hat. In Amsterdam wurde mit historischen Argumenten in eine falsche Zukunft investiert, und Rotterdam musste überwiegend ohne Unterstützung auskommen.

In Rotterdam steht Wasser also vor allem für Arbeit. Touristen sind willkommen und können sich bei einer Hafenrundfahrt informieren; die Rotterdamer Hafenbehörde, Gemeentelijk Havenbedrijf Rotterdam (GHR), hat sogar eine Fahrradroute durch das mehr als 10 000 Hektar große Hafengelände ausgearbeitet; allerdings darf man nicht im Weg herumstehen, denn die Arbeit hat Vorrang. Aus dieser pragmatischen Mentalität heraus ließ Rotterdam als erste große niederländische Stadt eine Untergrundbahn bauen, gründete ein Architekturzentrum, das Nederlands Architectuurinstituut (NAi), das jährlich 100 000 Besucher anzieht, und obendrein veranstaltet die Stadt ein (jährliches) Film- und ein Lyrikfestival von internationalem Rang.

Rotterdams »Gestaltbarkeit« in den vergangenen mehr als fünfzig Jahren hängt natürlich mit der schrecklichen Bombardierung der Stadt durch die deutsche Luftwaffe am 14. Mai 1940 zusammen. Auch hier spielte Wasser übrigens die ausschlaggebende Rolle. Die größten Schäden erlitt das historische Stadtzentrum nämlich nicht durch die Bomben an sich, sondern durch die hartnäckigen Brände. Die Löscharbeiten kamen nicht dagegen an, zum einen, weil unmittelbar nach dem Beginn des Bombenhagels die Wasserversorgung ausfiel, zum anderen weil Tausende panisch aus ihren Wohnungen stürzten, ohne irgendeine Vorsichtsmaßnahme zu treffen, die eine Ausbreitung der Brände hätte verhindern können. Erschwerend kam noch hinzu, dass Rotterdam (im Gegensatz zu Amsterdam) keine Berufsfeuerwehr hatte, sondern eine Truppe von Freiwilligen. Der Stiefvater meiner Großmutter mütterlicherseits, im Alltagsleben wohlgemerkt Brennstoffhändler, war Anfang des zwanzigsten Jahrhunderts Kommandant der Freiwilligen Feuerwehr. Ich besitze noch das Silberschild mit der Aufschrift »Brandmeester« (Brandmeister) an einem Band mit den Rotterdamer Stadtfarben, das er vermutlich bei der Ausübung seines Amtes getragen hat. Dieses beeindruckende Amtszeichen konnte aber nicht überdecken, dass die Rotterdamer Brandbekämpfung in den Vorkriegsjahren eine Sache begeisterter Amateure war. Am 14. Mai 1940 konnte wegen des unzureichenden Wasserdrucks nicht einmal das an sich schon veraltete Spritzenmaterial eingesetzt werden, so dass man bei der Bekämpfung des großen Brandes auf Eimerketten angewiesen war.

Kein Wunder also, dass von mehr als 24 000 Wohnungen nur Schutt und Asche blieb und fast 80 000 Menschen durch die heftigen innerstädtischen Brände obdachlos wurden. An die 800 Rotterdamer kamen ums Leben. Vom Stadtzentrum blieben fünf Millionen Kubikmeter Schutt, sonst fast nichts. Trotz dieser immensen Zerstörung hätte viel mehr von der alten Rotterdamer Innenstadt erhalten werden können, wenn man das nach dem Krieg nur gewollt hätte. Doch die wenigen Häuser, die noch standen, sollten keine Sonderbehandlung erhalten; man wollte überall ganz bei null anfangen. Die Lobby der Rotterdamer Großindustriellen unterstützte diese Pläne mit aller Macht. Nach 1945 wollte man keine Stadt mehr mit alten, schmalbrüstigen Häuserfronten und provinzieller Ausstrahlung, sondern eine moderne, funktionelle Stadt der Arbeit.

Wer heute über die breiten Rotterdamer Singel und Straßen fährt – für Fußgänger ist die Stadt kaum gedacht –, erlebt, dass die verheerende deutsche Bombardierung und der kompromisslose Erneuerungsplan der Nachkriegszeit ein völlig unhistorisches und unniederländisches Stadtgebiet hervorbrachten. Ende der siebziger Jahre arbeitete ich eine Zeitlang in einer großen Anwaltskanzlei an der Lijnbaan, einer neu angelegten Geschäftsstraße, die einem permanent das Gefühl vermittelt, in einen Vorort geraten zu sein. Ich fühlte mich dort wenig heimisch. Dieses Gefühl wurde durch die Rotterdamer Arbeitsatmosphäre, die langen Arbeitstage in einem Bürogebäude, in dem man nicht einmal die Fenster öffnen konnte, sowie durch den kommerziellen Charakter der Fälle nur noch negativ verstärkt. Am Ende des Arbeitstages eilte ich zum Bahnhof, um die Heimreise nach Amsterdam anzutreten. Eine Anti-Stadt, fand ich. Zwar mit Boulevards, aber nirgendwo Grachten oder sanft mäandernde Stadtsingel mit Schwänen. Zwar mit Plätzen, aber nirgendwo einer Innenstadt mit Straßen, in denen man einfach flanieren kann. Hier hatte das Zweckmäßige völlig das Malerische verdrängt. Rotterdam wird immer in Veränderung sein, ein Entwurf bleiben, in dessen Straßenschluchten sich der Wind austoben kann. Rotterdam wird auch immer eine Wasserstadt bleiben, nicht zuletzt wegen seines total industrialisierten Flusses, der Maas.

Der Unterschied zu Den Haag könnte nicht größer sein. Diese Stadt – als Sitz der niederländischen Regierung wird sie auch als »die Residenz« bezeichnet – ist genau genommen gar keine Stadt. Denn Den Haag hatte nicht nur niemals Stadtmauern, ihm wurden auch niemals die Stadtrechte verliehen, im Gegensatz zu Amsterdam (1306) und Rotterdam (1340). Entsprechend verweist sowohl der historische Name »Die Haeghe« wie die offiziellere Bezeichnung »'s-Gravenhage« auf den Haag, das Spalier, die Hecke, der eine Ummauerung ersetzte. Lodovico Guicciardini, ein im sechzehnten Jahrhundert reisender Historiograph, nannte Den Haag »das schönste Dorf Europas«, was als hübsches

Beispiel für ein gönnerhaftes Kompliment angesehen werden kann. Dessen ungeachtet ist Den Haag mit seiner heutigen Einwohnerzahl die drittgrößte niederländische Stadt, und auch Den Haag wurde in wieder ganz anderer Weise vom Wasser geprägt.

»Die Residenz« liegt nah an der Nordsee, doch abgesehen von einem kleinen Fischereihafen, den sich die Scheveninger Fischer leisten, ist es sicherlich keine Hafenstadt. Anders als es in Rotterdam und Amsterdam der Fall ist, fließt hier kein Fluss vorbei oder durch die Stadt, was Den Haag »psychogeographisch« einen statischen Charakter gibt. Die Tatsache, dass Den Haag, abermals anders als Amsterdam und Rotterdam, keine Universitätsstadt ist, verstärkt noch diese Atmosphäre des Stillstands. Zwar gibt es Grachten, doch sie schaffen – insoweit sie nicht sowieso zugeschüttet wurden – kein charakteristisches Stadtgesicht. Die symbolträchtigste Wasserpartie der Stadt ist zweifellos der Hofvijver, der Schlossteich – ein stehendes Gewässer, das sich im Mittelpunkt aller historischen Ereignisse befand, die Den Haag zu dem machten, was es heute ist.

Der Hofvijver war, neben dem ursprünglich von Graf Floris V. (1254–1296) angelegten Jagdschloss, dem Binnenhof, dem heutigen Sitz der Regierung, ursprünglich ein waldumsäumter sumpfiger Weiher, der von einem aus den Dünen kommenden Wasserlauf namens »Haagse beek«, Haager Bach, gespeist wurde. Nach dem Bau des Jagdschlosses wurde er vertieft und vergrößert. Die ausgehobene Erde wurde neben dem Teich zu einem Hügel aufgeschüttet, dem heutigen Vijverberg. Seit Jahrhunderten diente der Hofvijver vor allem als Bühne für Unterhaltung und Kurzweil und weniger der Verteidigung. Musste man in Kriegszeiten eine Zuflucht suchen, dann zogen sich die Grafen von Holland Generation für Generation am liebsten in die nah gelegene, von soliden Mauern umgebene Stadt Delft zurück. Doch wer sich mit der Geschichte dieses friedlich wirkenden Teichs beschäftigt, stößt auf einige der blutigsten Ereignisse der niederländischen Geschichte. So fand 1619 auf dem Binnenhof die Hinrichtung des berühmten Ratspensionärs und höchsten Spitzenbeamten der Republik, Johan van Oldenbarnevelt, statt und 1672 der noch abscheulichere Mord an den pro-französischen Gebrüdern de Witt, mächtigen Staatsmännern, denen man anti-orangistische Gefühle vorwarf. Der Hofvijver war ein stiller Spiegel dieser historischen Gräueltaten. Als Teich spielte er bei festlichen Gondelfahrten, Jagden und Wasserspielen eine Rolle; noch im zwanzigsten Jahrhundert ist der Teich Mittelpunkt der offiziellen Hofvijver-Feste, spielerisch inszenierter Protestaktionen auf der im Teich liegenden kleinen Insel, und bei zahlreichen schwimmenden Kunstprojekten.

Die politische Geschichte der Niederlande des neunzehnten und zwanzigsten Jahrhunderts spielte sich dort ab, wo die Staatsmacht ihren Sitz hatte, und das war und ist der Binnenhof. Dort befindet sich der Rittersaal, die Zweite und Erste Kammer, das Unter- und das Oberhaus der niederländischen Volksvertretung, das »torentje«, ein kleiner Turm, in dem das winzige Büro des Ministerpräsidenten untergebracht ist, und der für niederländische Vorstellungen wiederum höchst verschwenderisch ausgeschmückte Treves-Saal, in dem freitags der Ministerrat tagt. Auch in Den Haag habe ich einige Jahre als Ministerialbeamter gearbeitet. Auf

Der Hofvijver, der Schlossteich, in Den Haag um 1900.

meinen unzähligen Spaziergängen vom und zum Binnenhof kam ich immer am Hofvijver vorbei, der gleichbleibend unbewegt und unberührt von den politischen Zänkereien, den Haager Kleinkriegen, den kleinen und großen politischen Skandalen dalag. Nur die Tumulte auf dem »Plein« beim Binnenhof sorgten in den Tagen nach dem Mord an Pim Fortuyn für Unruhen von einem gewissen historischen Umfang. Wer heute in den Spiegel des Hofvijver schaut, sieht wieder nichts anderes als das Ebenbild des erhabenen Gouvernements und die schnatternden, gackernden, quakenden Blesshühner, Schwäne, Gänse und Enten. Zwar verleiht eine in niederländischen Städten eher selten zu findende Fontäne dem Hofvijver eine gewisse Feierlichkeit, aber von einer Strömung ist in diesem Haager Stadtgewässer nichts zu merken. Ein Kräuseln, das ist das Äußerste an Bewegung, und unter der Oberfläche ist eher Morast als großer Tiefgang zu finden – vielleicht eine Art Wasserzeichen unserer nationalen Politik.

So werden die drei größten niederländischen Städte – Amsterdam, Rotterdam und Den Haag mit 750 000, 600 000 bzw. 500 000 Einwohnern – auch jeweils durch ihre städtischen Gewässer symbolisiert. Das verspielte, vor allem im Sommer mit Touristen Handel treibende Amsterdam durch Wasserläufe aus dem siebzehnten Jahrhundert; die hart arbeitende, ihrer Geschichte beraubte und erbarmungslos erneuerte Hafenstadt Rotterdam; und die fast faltenlose Gepflegtheit des in sich gekehrten und in Politik und Ämterplackerei versunkenen Den Haag. Klischees? Natürlich sind das Klischees, und ich habe eine leicht selektive Übertreibung auch nicht gescheut. Doch wie schon Oscar Wilde sagte: »Wo keine Übertreibung ist, da gibt es keine Liebe, und wo keine Liebe ist, da gibt es kein Verstehen.«

Kapitel 3 EINE NACHT, DIE MAN NIE VERGISST

Alle glücklichen Länder gleichen sich. Die Regierung ist gerecht, die Gesetze werden befolgt, die Richter sind unabhängig, und die Wirtschaft floriert. Daraus kann ein Land nur schwer ein auffälliges Unterscheidungsmerkmal ableiten. Luxemburg ist ein glückliches Land. Kanada möglicherweise. Um eine eigene, unverwechselbare Identität zu bekommen – eine Art nationaler Reife –, muss ein Land erst eine oder mehrere Katastrophen überstehen, aus denen es gestählt hervorgehen kann. Das Potenzial einer nationalen Identität steckt in der Prüfung durch das Unglück. Ungarn wurde erst durch den gnadenlosen Einmarsch der Roten Armee 1956 zum modernen Ungarn. Griechenland wurde erst durch Jahrhunderte osmanischer Besetzung zum modernen Griechenland. Und die Niederlande?

Die vier einschneidendsten Katastrophen, die in den vergangenen Jahrhunderten die Niederlande hinsichtlich der übrigen Welt zu dem gemacht haben, was sie heute sind, waren in chronologischer Folge: der Achtzigjährige Krieg gegen das katholische Spanien (1568–1648), die Annektierung durch das Napoleonische Frankreich (1795–1813), die Besetzung durch Nazi-Deutschland (1940–1945) und die »Watersnoodramp«, die Sturmflut von 1953. Diese Katastrophe war in ihrer Art eine einzigartige, spezifische Herausforderung für die Niederlande; die ersten drei sind historische Schicksale, die auch andere europäische Länder getroffen haben.

Das bedeutet übrigens nicht, dass dieser Deichbruch die größte Überschwemmung ausgelöst hat, die jemals die Niederlande heimsuchte. Um diese zweifelhafte Ehre wetteifert beispielsweise auch die Zweite Elisabethenflut vom 19. November 1421, die Dutzende von Dörfern im Südwesten der Niederlande vom Erdboden wegschwemmte und schätzungsweise 2000 Todesopfer forderte. Um 1514 machte ein italienischer Kaufmann namens Chrystostomus Neapolitanus eine Rundreise durch die »Lage Landen«. Als er auf seiner Reise auch in die Nähe der Stadt Dordrecht kam, sah er verwundert Turmspitzen aus dem Wasser ragen – von Dörfern, die ein Jahrhundert zuvor von der Flut verschlungen worden waren. Ferner gab es die Allerheiligenflut vom 1. November 1570, von der die gesamte niederländische Westküste von Flandern im Süden bis Friesland und Groningen im Norden heimgesucht wurde. Dünen und Deiche brachen, Hunderte von Häusern wurden weggeschwemmt, die Inseln in Zuidholland und Zeeland wurden vollständig überflutet. Die Zahl der Toten wird auf circa 20 000 geschätzt. Die Spanier sahen diese Sturmflut als gerechte Strafe Gottes für den Bildersturm des Jahres 1566.

1953 war das betroffene Gebiet – abermals vor allem der Südwesten der Niederlande – natürlich viel dichter besiedelt als im sechzehnten Jahrhundert. Daher gab es viel größere Schäden an den Häusern, Straßen, Bauernhöfen, beim Viehbestand und dem Saatgut. Aber auch durch das immense nationale und internationale Medieninteresse wurde die

»Watersnoodramp« in der Nacht vom 31. Januar auf den 1. Februar 1953 gleich zur Katastrophe von den Ausmaßen eines Nationalepos aufgeblasen. In Büchern, Gedenkfeiern und Dokumentarfilmen wird dieses Ereignis daher oft verkürzt als »De Ramp«, als Katastrophe schlechthin, bezeichnet und alle, die sich ein klein wenig in der modernen niederländischen Geschichte auskennen, wissen sofort, dass es sich dabei um die Flutkatastrophe von 1953 handelt.

Das heißt freilich nicht, dass die Sturmflut das ganze Land getroffen hätte. Meine Eltern, beispielsweise, feierten an diesem Abend in Nijmegen im Elternhaus meiner Mutter ihre Verlobung. Es stürmte zwar, aber das ist im Winter nicht ungewöhnlich, und man schenkte dem weiter keine große Aufmerksamkeit. Nach einem fröhlichen Abend ging die ganze Familie zu Bett, nicht ahnend, dass an der Westküste des Landes 67 Deiche unter der Gewalt des von der Springflut und von Windkraft zehn aufgestauten Nordseewassers bereits kurz vor dem Bersten standen. Insgesamt 1837 Menschen fanden in dieser Nacht den Tod im eiskalten Wasser oder starben anschließend an den Folgen ihrer Entbehrungen. Für meine Mutter brachte die Sturmflut als einzige Unannehmlichkeit mit sich, dass sie bei der Rückkehr an ihren Wohnort Leiden ihr Wohnboot an der Kaimauer des Kort Galgewater leckgeschlagen vorfand. Alles, was sie besaß, musste aus dem schräg im Wasser liegenden Boot geborgen werden.

Den Bewohnern Zeelands, Zuidhollands und Noordbrabants war es inzwischen allerdings viel schlechter ergangen. Die übergroße Mehrheit der dort Lebenden wurde von dem nächtlichen Hochwasser völlig überrascht, das an manchen

Stellen auf mehr als 4,5 Meter über den normalen Flutpegel stieg. Durch 89 Risse in den Deichen strömte das Salzwasser mit großer Wucht ins tiefer liegende Land. Mensch und Vieh hatten keine Chance. Reine Zahlen haben, selbst wenn sie beeindruckend sind, immer etwas Steriles, aber dass 47 000 Wohnungen zerstört oder ernstlich in Mitleidenschaft gezogen wurden, dass 72 000 Menschen evakuiert werden mussten und dass 200 000 Tiere ertranken, vermittelt doch einen gewissen Eindruck vom Ausmaß der Katastrophe.

Sowohl aus den nicht betroffenen Regionen der Niederlande wie aus dem Ausland wurde Hilfe in großem Umfang geleistet. Angeblich bekam das Rote Kreuz so viel gespendete Kleidung, dass es einen Teil davon in die Krisengebiete der Dritten Welt weiterleitete. Eine nationale Spendenaktion unter dem Motto »Beurzen open, dijken dicht« (Geldbeutel auf, Deiche zu) erbrachte eine große Geldsumme für die Betroffenen. Bei alldem wurde die Vorstellungskraft besonders angesprochen, weil die Niederlande an ihrer seit eh und je verwundbarsten Stelle getroffen waren. In ihrem Kampf gegen das Wasser, einem Kampf, der jahrhundertelang der niederländischen Identität einen mythischen Glanz verliehen hatte – *The New York Times* beispielsweise sprach in diesem Zusammenhang von *»the indomitable Dutch«* –, hatten höhere Mächte unserem Land einen Schlag versetzt. »Gott straft uns hart«, mit diesen Worten fasste der Kommissar der Königin für die Provinz Nordbrabant am Sonntag, dem 1. Februar 1953, in seinem Tagebuch das allgemeine Empfinden in Worte. Und der für die versagende Küstensicherung politisch verantwortliche Minister für Verkehr und Wasserwirtschaft, der friesische Bäckersohn Jacob Algera,

Die »Watersnoodramp«, die Flutkatastrophe von 1953.

trat einer Debatte über die Große Flut in der Zweiten Kammer mit folgenden Worten entgegen: »Wer soll die Hand des Herrn abwenden?«

In ihren nationalen, nahezu göttlichen Dimensionen lässt sich die niederländische Flutkatastrophe von 1953 am besten mit einer scheinbar ganz anderen maritimen Katastrophe vergleichen, mit dem Untergang der *Titanic* in der Nacht (ebenfalls einer Samstagnacht) vom 14. auf den 15. April 1912. Die mythische Dimension dieser Schiffskatastrophe, bei der 1496 Menschen ihr Leben verloren, lag in der anmaßenden Überzeugung, unverwundbar zu sein, mit der Schiffskonstrukteure und Reederei das Schicksal herausforderten. Auch bei der *Titanic* handelte es sich um einen nationalen Traum, der mit der Katastrophe in die Brüche ging: den vermessenen Traum vom technischen Fortschritt und von der Herrschaft über die Elemente durch diesen Fortschritt. »*Nothing ends here. Our hopes and our journeys will continue*«, verkündete der amerikanische Präsident Ronald Reagan nach der Katastrophe der Raumfähre *Challenger* am 28. Januar 1986 im Fernsehen. Seine Worte hätten ebenso der *Titanic* gelten können. Ähnliche Feststellungen hätte man auch 1953 von niederländischen Politikern aufzeichnen können: ein robuster, disziplinierter Optimismus, durchsetzt von einem religiösen Bewusstsein der menschlichen Verwundbarkeit. In dieser Weise äußern sich Autoritäten im Allgemeinen zu Ereignissen, für die sie keine adäquate Erklärung parat haben, einfach weil Worte hier versagen.

Dieses weise Sich-Fügen in das übermächtige Schicksal verschleiert, dass solche und ähnliche Katastrophen nicht allein natürlichen Ursachen (einem Eisberg oder einer Sturmflut) zuzuschreiben sind, sondern dass auch größere und kleinere menschliche Faktoren derartige Katastrophen wenn nicht auslösen, so doch ermöglichen oder verschlimmern. Im Falle der *Titanic* stellte man in umfangreichen Untersuchungen und zahllosen Veröffentlichungen ziemlich genau fest, welche technischen Mängel und menschlichen

Fehleinschätzungen diesem »unsinkbaren« Schiff auf seiner Jungfernreise zum Verhängnis wurden. Walter Lord, der Verfasser eines der bekanntesten Werke über die *Titanic*, bezeichnet diese menschlichen Fehler zusammenfassend mit dem Begriff *»arrogant casualness«*, arrogante Fahrlässigkeit.

Im Bezug auf die Flutkatastrophe von 1953 wäre das vermutlich ein zu harter Vorwurf an die Adresse der verantwortlichen Behörden. Die detaillierte Rekonstruktion dieser Flut durch den Journalisten Kees Slager macht jedermann klar, dass viele Menschenleben hätten gerettet werden können und viele Schäden sich hätten vermeiden lassen, wenn … wenn einige Umstände nicht zusammengekommen wären. Wenn etwa der Instandhaltung der Meeresdeiche in den Jahren zuvor eine höhere Priorität zuerkannt worden wäre. Den gut 2,1 Milliarden Gulden, die 1952 für den Verteidigungsetat zur Aufrüstung gegen die Russen eingeplant waren, standen nur elf Millionen Gulden im Etat des Ministeriums für Wasserwirtschaft für die Küstensicherung gegenüber. Wenn die Schäden, die die Deiche in den Kriegsjahren davongetragen hatten, in den Nachfolgejahren sofort repariert worden wären. Wenn die diversen (mit)verantwortlichen Politiker und Dienststellen auf nationaler, Provinz- und lokaler Ebene während und nach der Katastrophe besser kommuniziert und zusammengearbeitet hätten. Wenn den Niederlanden mehr als nur der eine Sikorsky-Hubschrauber der Königlichen Marine zur Verfügung gestanden hätte, dann hätten viel mehr Menschen von den Dächern ihrer vom Wasser eingeschlossenen Häuser gerettet werden können. Wenn mehr »Polderschappen« (die für die Polder zuständigen Wasserbehörden) und Gemeinden die

Radioberichte des Sturmflutwarndienstes des KNMI, des Koninklijk Nederlands Meteorologisch Instituut (Königlich Niederländischen Meteorologischen Instituts) in De Bilt abonniert gehabt hätten. Wenn man in den Nachkriegsjahren nicht so große Angst gehabt hätte, mit einem Alarm eine Panik in der Bevölkerung auszulösen. Wenn man die ernsten Warnungen einschlägiger Experten bezüglich des Zustands der Küstenbefestigung nicht verharmlost hätte. Ja, wenn, wenn, wenn …

Wie im Fall der *Titanic* wurden auch nach dieser Flutkatastrophe nachträglich durchgreifende und teure Lehren gezogen. Schon am 18. Februar 1953 präsentierte der bereits erwähnte Minister Algera die sogenannte Deltakommission, die den Deltaplan entwickelte, der ein umfassendes, neuartiges System von Deichen, Dämmen und Schleusen forderte, um einer weiteren derart gigantischen Überflutung vorzubeugen. Mit der Ausführung des Plans wurde ein neu gegründetes Staatsunternehmen, die »Deltawerken«, beauftragt, die seither alle einschlägigen Arbeiten ausführten. Diese Arbeiten wurden erst 1997 mit dem Bau des drehbaren Maeslant-Sturmflutwehrs abgeschlossen, das in der für die Schifffahrt so wichtigen neuen Wasserstraße »Nieuwe Waterweg« bei Rotterdam liegt. Vor allem das 2,5 Milliarden Gulden teure, drei Kilometer lange Sturmflutwehr in der Oosterschelde gilt mit seiner Möglichkeit der Gezeitenregulierung als wasserbautechnische Meisterleistung. Auch der Haringvlietdamm, der zusätzlich den Wasserstand rund um Rotterdam regulieren kann, ist fraglos ein geniales Bauwerk. Die Kosten des Gesamtprojekts werden alles in allem ein Vielfaches dessen betragen haben, was man 1952 für den erwarteten Kampf gegen die russische Gefahr zu brauchen meinte.

Die »arrogante Fahrlässigkeit« und das gutgläubige Vertrauen in die eigene Unverwundbarkeit machten einer Anstrengung Platz, die ein halbes Jahrhundert lang die kollektive niederländische Phantasie herausforderte. So wurde nach der Not von fünf Jahren Krieg und Besetzung erneut der auf ein Ziel hin gebündelte Kampf gegen das Wasser zu einem eindrücklichen Merkmal der Wiederaufbaumentalität. Auch darin prägt die Flutkatastrophe von 1953 bis zum heutigen Tag unsere nationale Identität. In einem Land, das zu einem beachtlichen Teil unter dem Meeresspiegel liegt, besteht allerdings nach wie vor das größte Risiko darin, dass man sich allzu sicher vor dem Wasser fühlt.

Wie sich der Untergang der *Titanic* symbolisch in der Katastrophe der *Challenger* wiederholte – die beiden Namen stehen für die Hybris, mit der man die beiden losschickte –, kann sich auch die Flutkatastrophe von 1953 mit dem Ansteigen des Meeresspiegels wiederholen. Die Möglichkeit einer Überflutung sei durch den Bau des Oosterschelde-Sturmflutwehrs (Oosterscheldekering), so behauptet die offizielle Website der »Deltawerken«, auf »einmal in 4000 Jahren« reduziert. Der Fall könnte also durchaus nächstes Jahr eintreten, und es gibt genügend – klimatologisch oder wasserbautechnisch geschulte wie ungeschulte – Kassandras in den Niederlanden, die davor warnen. In der Zwischenzeit stellt sich für Institutionen wie den Rijkswaterstaat, die Staatliche Wasserwirtschafts- und Straßenbaubehörde, für die »Waterschappen«, die Wasser- und Bodenbehörden, und für meteorologische Institute immer wieder die Frage:

Wie findet man das richtige Maß zwischen Vertrauen und Besorgnis, zwischen Aufklärung und Panikmache, zwischen Unterschätzung und Übertreibung?

Wer heute über die kleinen Deiche und Landstraßen der Inseln und Halbinseln Zeelands fährt, um die oft kleinen Städte und Dörfer zu besuchen, findet bisweilen auf Hauswänden oder Mauern eine Verfärbung oder einen Strich, an dem sich ablesen lässt, wie unglaublich hoch damals das Wasser stand. Im Übrigen muss man sich Hunderte von Fotos, Filmaufnahmen, Augenzeugenberichten und schriftlichen Chroniken vornehmen, mit denen sich diese Flut in die Reihe früherer Überflutungen einordnen lässt, um sich ein Bild von der Katastrophe machen zu können. Der Landschaft in Zeeland ist von alldem nicht viel anzumerken: Ackerbau, Viehzucht, Obstanbau, Blumenzucht, Gewächshäuser, Wassersport, Campingtourismus, das sind die wichtigsten sichtbaren Merkmale dieser Region.

In wirtschaftlicher Hinsicht besitzen die Hafenstädte Vlissingen und Terneuzen sicherlich noch eine gewisse Bedeutung, doch das dünn besiedelte Zeeland hat nicht einmal mehr andeutungsweise etwas gemein mit dem zur See fahrenden (Halb)Inselreich, das es im siebzehnten Jahrhundert einmal war. Handelsschifffahrt, Fischerei, Sklavenhandel: an allem war Zeeland voll und ganz beteiligt und profitierte seinerseits voll und ganz vom kolonialen Reichtum der Niederländischen Republik. Im siebzehnten, dem »goldenen« Jahrhundert war Middelburg mit seiner Admiralität und seiner bedeutenden Handelsflotte nach Amsterdam sogar die zweite Hafenstadt des Landes.

Der in Korfu geborene venezianische Kopist Nykandros

bereiste um die Mitte des sechzehnten Jahrhunderts Westeuropa und berichtete auch von seinen Besuchen in Utrecht, Rotterdam, Maastricht und Den Bosch. Leider erwähnte er die Provinzen Holland und Zeeland nicht, stellte aber Folgendes über Zeeland fest, in einem Ton, der auf offenbar ruhmvolle Gerüchte verweist: »Man findet dort prachtvolle Städte.« Wer heute als Tourist Veere und Zierikzee besucht, kann sich von deren Macht und Reichtum kaum mehr eine Vorstellung machen. Es sind charmante, malerische Städtchen, Enkhuizen und Edam am IJsselmeer vergleichbar, doch sie wurden vom Tourismus unserer Tage eingeholt. Es ist ein Reichtum im Puppenstubenformat. Der moderne niederländische Wohlstand wurde von der industriellen Revolution des neunzehnten und der wirtschaftlichen und technologischen Entwicklung des zwanzigsten Jahrhunderts erbarmungslos in andere Städte verlagert.

So verbirgt sich hinter der Geschichte der spektakulären Flutkatastrophe des Jahres 1953 eine stillere Tragödie, die aus der einst so blühenden Seefahrer- und Handelsprovinz Zeeland einen hübschen, allerdings zurückgebliebenen Winkel der Niederlande gemacht hat. Und trotz der Anlagen im Rahmen des Deltaplans ist das Wasser in keiner anderen niederländischen Provinz noch immer so allgegenwärtig wie in Zeeland. Es gehört zur Ironie der Geschichte, dass nach den umfangreichen Eindeichungsarbeiten in den holländischen Provinzen und der groß angelegten modernen Urbanisierung der Randstad, des Dreiecks zwischen Amsterdam, Utrecht und Rotterdam, Zeeland heute als die typischste Landschaft der Niederlande gilt. Zeeland verhält sich zu den Niederlanden in etwa wie die Kanalinseln oder der Lake

District zu England: ein glücklicher Überrest vergangener Zeiten. Die schönen (Halb)Inseln von Zeeland gehören zwar zu den anderen niederländischen Provinzen, aber sie gehören doch vor allem zu sich selbst. Zeeuws-Vlaanderen, Walcheren, Noord- und Zuid-Beveland, Schouwen-Duiveland, Tholen und Sint-Philipsland: Eine jede hat ihre eigene Geschichte, ihre eigenen Trachten, ihre eigenen Dialekte, ihre eigene Folklore und ihre eigenen Erinnerungen an die Nacht vom 31. Januar auf den 1. Februar 1953.

Kapitel 4 DER ELEFANT UND DAS NILPFERD

Am 7. April 1930 veröffentlichte der französische Dichter und Denker Paul Valéry (1871–1945) in der Zeitschrift *La Revue du Médicin* ein kurzes Prosagedicht mit dem Titel *Le bain* (Das Bad), von dem ich gern eine Ausgabe hätte, am liebsten sicher in Plastik eingeschweißt. Dann könnte ich es umso leichter mitnehmen, wenn ich mich einmal ausnahmsweise in die Badewanne lege. Ich langweile mich nämlich immer grässlich in der Wanne (zumindest, wenn ich allein bin) und das Lesen und Wiederlesen dieses Textes wäre eine gute Abhilfe dagegen. Es würde Ruhe in meine Gedanken bringen und mich eine Weile geduldig und ruhig im warmen Wasser verharren lassen. Ohne die Ablenkung durch Lektüre, ein Gespräch oder anderweitige Zerstreuung halte ich es in der Badewanne keine zwei Minuten aus. Mich packt gewissermaßen schon beim Hineinsteigen die Reue, aber wenn schon einmal gut 120 Liter kostbares, heißes Wasser bereitstehen, dann ist das Wenigste, was man tun kann, es auch zu nutzen. Sobald ich dann allerdings hineingesunken bin, fallen mir allerlei Dinge ein, die ich lieber täte: Verabredungen, die ich verschwitzt habe, Einkäufe, die noch zu erledigen sind, Einfälle, die ich kurz notieren möchte. Nur weil es sündhaft wäre, gleich wieder aus dem Wasser zu steigen – in diesem wirklich seltenen Fall, dass ich statt einer Dusche ein Bad nehme –, fühle ich mich verpflichtet, dort auch eine gewisse Zeit zu verbringen. Meiner Ansicht nach hat Archimedes seine berühmte Entdeckung (die ihn »Heureka« ausrufen ließ, als er begriff, dass der Auftrieb, den er im Bad spürte, dem Volumen der verdrängten Wassermenge entsprechen musste) aus lauter Langeweile gemacht. Höchst selten gelingt es mir, in der Wanne liegend auf nur einen interessanten Gedanken zu kommen; also liege ich im Grunde da und zähle vor mich hin, bis ich mir erlaube, die Wanne zu verlassen. Nur wenn ich wirklich schrecklich müde bin, fühle ich mich im Badewasser einigermaßen – wenn auch nur vorübergehend – behaglich.

Paul Valéry litt im Bade unter keiner einzigen dieser beunruhigenden Begleiterscheinungen. Er hatte von Geburt an ein ausgesprochen mediterranes Naturell – seine Mutter stammte aus Korsika, sein Vater war im südfranzösischen Sète geboren – und war zudem ganz verrückt aufs Schwimmen. Er gilt als höchst rationaler Dichter und mathematisch veranlagter Philosoph, zeigt sich in seinen Gedichten und Abhandlungen jedoch als überaus sinnlicher, erdverbundener Mensch. Wer seinen kurzen Text *Le bain* liest, fühlt sich in die Harmonie eines Körpers und eines lyrischen Geistes aufgenommen, die nichts zu trennen scheint. Auf die Erfahrung des im Bade Liegens senkt sich gewissermaßen ein ewig währender, gleichermaßen erotisch wie von Todessehnsucht aufgeladener Friede herab, in dem ich mich nur zu gern verlieren würde. Eros und Thanatos scheinen sich gemeinsam in der Umarmung des lauwarmen Wassers zu vermengen. Valéry schreibt:

Im reinen und schimmernden Sarkophag ist weich das erholsame Wasser, lau und vollkommen angeschmiegt an die Form des Körpers.

Frei und schwerelos taucht der Nackte hinein und wird langsam ruhig. Alles ist leicht in dem Nass, in welchem die geschmeidigen Beine so behende sind wie die Arme. Der Mensch legt seine Gestalt darin ab, versenkt seine ganze Länge, in die seine Höhe sich verwandelt hat. Er streckt sich, bis er den äußersten Dehnpunkt erreicht; er spürt sich selbst in dem Maße, wie seine Fähigkeit zu entspannen ihm bewusst wird. Lustvoll verlagert er seine Stützpunkte; ein Finger trägt ihn und hebt ihn; und seine schwimmenden Kräfte, halb geschmolzen in der stillen Masse des Bades, träumen von Engeln und Algen. Das Gewicht des glückseligen wasserumspülten Fleisches ist fast nicht zu merken; sein Blut hat ungefähr die gleiche Wärme wie das nahe Wasser, und so entfaltet das Blut sich unter der ganzen Haut. Der lebendige Körper unterscheidet sich kaum von dem formlosen Körper, dessen Substanz bei jeder Bewegung an seine Stelle fließt. Eine Person vermischt sich mit der unbestimmten Fülle, die sie umgibt; jemand spürt, wie er sich allmählich auflöst. Der ganze Körper ist jetzt nur noch angenehmer Traum, den das Denken nebelhaft träumt. Der süße Augenblick bespiegelt sich und sieht kristallklare Gliedmaßen unter dem Glas des Wassers. Das, was schaut und spricht mit sich selbst, staunt verzückt über Größe und Symmetrie der Gliedmaßen, auf die es herabblickt; und der denkende Kopf ergötzt sich an einem Fuß, der zufällig hervorkommt, weit weg von ihm, der gehorcht wie durch Hexe-

rei. Er beobachtet, wie ein plötzlich emporragender Zeh sich krümmt, ein Knie auftaucht und wieder versinkt in der Transparenz, gleich einer Insel im Ozean, die eine Laune der Meerestiefen ausspeit und wieder verschlingt. Der Wille selbst und die gesamte Freiheit des Menschen entstehen im Wohlbehagen der Woge.

Vielleicht schwebt in der schalen, dunstigen Luft ein Geruch, dessen vieldeutige Lieblichkeit die Erinnerungen befragt, die verworrenen Wünsche des nackten Menschen beflügelt oder auch ausschmückt. Die Augen trüben sich oder fallen zu. Die verbindungslose Dauer schwindet. Der Geist öffnet sich die Pulsadern in einem Traum.

Wenn ich diesen Text, hübsch gedruckt und eingeschweißt, in der Badewanne bei mir hätte, würde ich ihn wie ein weltliches Gebet, wie ein Mantra, ein paarmal leise vor mich hin sprechen und könnte mich vielleicht im Gedenken an Valéry mit dem zwangsläufigen Müßiggang abfinden, mich den vagen, träumerischen Gedanken hingeben, von denen sein Prosagedicht spricht. Und dennoch würde es mich große Mühe kosten, in einen so vollkommenen Zustand der Zufriedenheit zu versinken, wo es doch so viel mehr zu tun gibt im Leben, als im Wasser herumzuliegen und die Zeit totzuschlagen.

Ein anderer französischer Autor, der 1924 geborene Michel Tournier, verknüpfte in seinem Sammelband *Le miroir des idées* (Spiegel der Ideen) sogar die Vorliebe für das Wannen- bzw. Duschbad mit einer Einteilung in zwei charakterologische Typen. Menschen, die gern in die Wanne gehen, sind Nilpferde, sagt Tournier: dösend und treibend, passiv, gar regressiv. Das Bad ist ja wie eine Gebärmutter, die uns – verwundbar, wie wir sind – Schutz bietet. Badliebhaber möchten am liebsten möglichst lange liegen bleiben und fürchten den Moment, in dem sie die Wanne verlassen müssen, um sich dann auf dem kalten Badezimmerboden wieder in ihre Höhe zu verwandeln. Dem stellt Tournier die Elefanten gegenüber, Menschen, die am liebsten duschen: Aktiv bespritzen sie sich, um schleunigst weiter zu können. Strömendes Wasser ist wie eine Taufe, welche die Geburt eines neuen Tages anzeigt, mit allen Aktivitäten und Vorhaben, die auf uns warten. Ärmel aufkrempeln – und los!

Bezeichnend für den Gegensatz zwischen Badern und Duschern ist auch die nicht zu leugnende Tatsache, auf die Tournier übrigens nicht hinweist, dass kein Mensch auf die Idee käme, in der Badewanne zu singen, obwohl viele Menschen unter der Dusche diese Angewohnheit haben. Das Meinungsforschungsinstitut PanelWizard hat sogar auf Grund einer im April 2008 durchgeführten Online-Befragung von 690 Personen zwischen 20 und 60 Jahren den Nachweis erbracht, dass mehr als drei Viertel aller erwachsenen Niederländer unter der Dusche singen; wovor wiederum ein anderes Institut (Woning-Energie-Label.nl) warnt, weil die in ihren Gesang vertieften Duscher beim täglichen Waschzeremoniell angeblich unnötig viel Wasser verbrauchen.

Fest steht, für niederländische Ohren klingt der Vergleich eines Wannenbads mit einem Sarkophag oder einer Dusche mit einer Taufe ziemlich überzogen. In der Terminologie des niederländischen und deutschen Wohnungsbaus heißt der Bereich, wo das Badezimmer vorgesehen ist, ganz banal

»Nasszelle«. Das belegt gleich, wie praktisch wir Nordlichter dem Phänomen des täglichen Waschens gegenüberstehen, wobei man beim Wort »Zelle« eher an ein Gefängnis denkt als an einen Ort für persönlichen Luxus und Körperpflege. In die Nasszelle schließt sich der Niederländer täglich ein, um sich zu reinigen, nicht um ihr als Quelle poetisch-philosophischer Wonne zu dienen – wie es die angeführten französischen Autoren suggerieren –, es geht um einen Akt der simplen, praktischen Hygiene.

Diese gering entwickelte Bade(wannen)kultur hängt nicht nur mit unserem kühlen, windigen Seeklima zusammen, in dem man am liebsten so kurz wie möglich die Kleider ablegt und sie nach Bad oder Dusche möglichst schnell wieder anzieht, sondern auch mit dem räumlich und zeitlich eng begrenzten Einfluss der Römer in unserem Land. Sonst hätte ihre mediterrane Badekultur sicherlich in größerem Maß in unseren Breiten Eingang gefunden.

Während ihres Aufenthalts im südlichen Teil der heutigen Niederlande legten die Römer – südlich des Rheins – vor allem in Nijmegen (dem damaligen Ulpia Noviomagus) und in Heerlen (damals Coriovallum) ausgedehnte Badehäuser (Thermen) an. In Nijmegen fand man nur wenige Überreste von Thermen, aber in Heerlen entdeckte am 18. Juni 1940 ein Bauer beim Umpflügen eines brachliegenden Ackers die ersten Bruchstücke; 1977 kam es dann zur Eröffnung des städtischen Thermenmuseums. Dort kann man an Hand von Rekonstruktionen gut nachvollziehen, wie die Römer auch in unserem Land persönliche Hygiene und die Pflege sozialer Kontakte mit sportlichen Aktivitäten im Freien und der gemeinsamen Nutzung dieser lauwarmen bzw. kalten

Wechselbäder und eines saunaartigen Schwitzraums (lateinisch *sudatorium*) kombinierten. All diese Räume und das dafür benötigte Wasser wurden genialerweise mit Hilfe einer Bodenheizung auf die richtige Temperatur erwärmt.

Aber vielleicht ist es ungerecht, den Römern die Schuld dafür in die Schuhe zu schieben, dass die Niederländer derart wenig entwickelte Badesitten pflegen. Denn das Wort Sauna erinnert uns daran, dass ein viel weiter im Norden beheimatetes Volk wie die Finnen – trotz des bedeutend kälteren Klimas – durchaus eine ansehnliche eigene Badekultur entwickelten, bei der die heiße Luft, im Gegensatz zur römischen und später der türkischen Badetradition, nicht feucht ist. Die Luft bleibt trocken, weil die Feuchtigkeit von den traditionell üblichen Holzwänden der Sauna absorbiert wird.

Offenbar nehmen die Niederlande eine Zwitterposition in Sachen Vollbad ein, auf halbem Wege zwischen den Finnen und den Römern. Für die These, dass die Niederländer auch heute keine besonders entwickelten Badeneigungen haben, lassen sich anhand der Verbrauchszahlen der Amsterdamer Wasserwerke jede Menge Beweise anführen. 2004 lag der durchschnittliche Wasserverbrauch pro Kopf der Bevölkerung bei autochthonen Amsterdamern (Personen, die selbst oder deren Eltern in den Niederlanden geboren wurden) bei 122,9 Litern pro Tag. Bei allochthonen Personen (die selbst oder deren Eltern nicht in den Niederlanden geboren wurden) notierte dasselbe Wasserwerk eine Durchschnittsmenge von 179,2 Litern, d. h. fast die Hälfte mehr. Aus diesen Zahlen können verschiedene Schlüsse gezogen werden: Migranten in den Niederlanden achten sehr auf ihre persönliche

Die Ausgrabung der römischen Thermen in Heerlen 1941.

Körperhygiene – oder sie gehen nicht besonders sparsam mit Wasser um. Die Niederländer sind ziemlich schmutzig – oder sie gehen viel sparsamer mit Wasser um. Wahrscheinlich steckt wie immer in allen Aussagen ein Körnchen Wahrheit. Das Aberwitzigste dieser Statistiken ist natürlich, dass die Amsterdamer Wasserwerke ihre Zahlen überhaupt hinsichtlich des hauptstädtischen Wasserverbrauchs auf diese Weise nach Herkunft und Geburt aufgliedern. Unweigerlich drängt sich einem die Frage auf, was die niederländischen Behörden durch Verknüpfung der bei ihren Dienststellen deponierten Personalangaben wohl noch alles ausrechnen, ohne dass wir je davon erfahren.

Trotzdem ist in den Niederlanden fraglos ein gewisser Fortschritt in der Badezimmernutzung zu verzeichnen. Mein Vater erzählte – wenn auch nicht der Wahrheit entsprechend –, als Kind habe er früher im Winter zuerst mit dem Ellbogen das Eis in der Wasserkanne aufschlagen müssen, bevor er sich waschen konnte. Aus meiner Kindheit erinnere ich mich ausschließlich an Duschen und Duschkabinen, zu Hause und in Ferienhäusern, während meine Kinder von klein auf in die Badewanne konnten. Die Menge und Vielfalt der Badesalze, Shampoos und anderer Sprudelbad-, Schaum- und Cremeprodukte in den heutigen niederländischen Supermärkten legt die Schlussfolgerung nahe, dass auch in unserem Land der Luxus gegenüber der reinen Körperhygiene allmählich an Boden gewinnt. Merkwürdigerweise sagen uns dann wieder andere Statistiken, dass die Nutzung von Wannenbädern in den Niederlanden zurückgeht und das Duschen immer beliebter wird. Einer Umfrage des TNS-Nipo-Instituts 2008 zufolge nimmt der durchschnittliche Niederländer nur noch einmal in drei Wochen ein Wannenbad, dagegen stellt er sich an vier von fünf Tagen unter die Dusche. 1992 ging man noch an sechs von zwanzig Tagen in die Badewanne und nur an zwei von vier Tagen unter die Dusche. Kurzum, die Elefanten überholen in den Niederlanden die Nilpferde.

Vielleicht wurde aber auch – ohne dass die Wasserwerke davon etwas gemerkt hätten – schleichend das Prinzip beliebter, das in der Generation meiner Eltern durchaus noch gang und gäbe war. Wenn einer in der Wanne fertig ist, sagt er dem Nächsten Bescheid, und der steigt in dasselbe, bereits benutzte Badewasser. Das ist nicht so reizvoll, wie zusammen mit einem anderen ein Bad in der Wanne zu nehmen, aber auch das geteilte Badewasser hat fraglos bereits einen Hauch von Intimität. Und so geht urholländische Sparsamkeit mit Umweltbewusstsein und häuslicher Romantik einher. Für ein gleichzeitiges bequemes Bad zu zweit sind die meisten niederländischen Badewannen übrigens zu klein, doch der Lustgewinn kann den Bequemlichkeitsverlust wieder wettmachen.

In einem öffentlichen Schwimmbad teilt man ja das Wasser auch mit anderen. Allerdings ist deren Gespritze eher eine Quelle des Ärgers als des gemeinsamen Vergnügens. An Bord von Schiffen oder in Hotels habe ich verschiedentlich in einem zu kleinen Schwimmbad geschwommen, und das Gefühl des gemeinsamen Badens war sehr viel weniger angenehm. Von hier ist es nur ein kleiner Schritt zu der aquapsychologischen Frage: Wie groß muss die Wassermenge sein, um zwei Menschen bei gegenseitiger Rücksichtnahme ein Gefühl von Privatheit zu lassen? Den 120 Litern einer handelsüblichen Badewanne stehen die Maße eines Olympia-Schwimmbads gegenüber (50 Meter lang, 25 Meter breit und 2 Meter tief), das eine Gesamtmenge von 2,5 Millionen Liter Wasser erfordert (2500 Kubikmeter). Ich vermute, dass die Grenze ungefähr bei 100 000 Litern liegt, lasse mich aber gern von einer besseren Schätzung überzeugen.

Paul Valérys Vergleich einer Badewanne mit einem Sarkophag erinnert uns auch daran, dass das Bad der Ort sein kann, wo man seinen letzten Atem aushaucht. Valérys Schlusssatz (»Der Geist öffnet sich die Pulsadern in einem Traum«) beschwört auf jeden Fall berühmte letzte Badeszenen herauf, etwa den Selbstmord des römischen Philosophen und Schriftstellers Seneca im Jahre 62 im Bade. Mindestens ebenso berühmt, vor allem durch Jacques-Louis Davids Gemälde, ist natürlich der Wannenmord an dem radikalen französischen Revolutionär Jean-Paul Marat 1793. Und nicht zu vergessen die – vermutlich apokryphe – Geschichte, dass der mykenische König Agamemnon bei seiner Heimkehr aus dem Trojanischen Krieg von seiner Ehefrau mit Unterstützung ihres Geliebten im Bade ermordet wurde. Aber man kann auch viel prosaischer im Bad den Tod finden und weniger historisch. Ich erinnere mich beispielsweise an eine frühere Mitschülerin aus dem Gymnasium, die nach einem netten Ausgehabend müde heimkam und noch kurz ein Bad nahm. Dabei schlief sie ein, rutschte tiefer und ertrank – in einem so niedrigen Wasser, das ihr, wäre sie einfach stehen geblieben, noch nicht einmal bis zum Knie gereicht hätte. Gewiss, auch unter der Dusche kann einen das Schicksal ereilen, wie es die Mordszene in Alfred Hitchcocks Thriller *Psycho* beweist – in Gedanken hören wir jetzt die Schauspielerin Janet Leigh ihren berühmten Schrei ausstoßen –, dennoch ist ein Mensch unter der Dusche zweifellos weniger wehrlos als in der Badewanne.

Vielleicht ist es auch dieses primitive Grauen vor Verwundbarkeit, das mir eine atavistische Vorliebe für die Dusche einflößt. Dass Duschen zudem schneller, sparsamer und weniger faul daherkommt als ein Wannenbad, führt dazu, dass ich mich mühelos den Statistiken anpasse: Der Niederländer steht durchschnittlich 7,9 Minuten pro Tag unter der Dusche und verbraucht dabei täglich durchschnittlich 49,8 Liter Wasser. Es ist nicht schön, aber vermutlich bin ich im Badezimmer genau dieser durchschnittliche niederländische Elefant, und zugleich – in dem vergeblichen Versuch, mir selbst zu entfliehen – bewundere ich das dichtende Nilpferd Paul Valéry.

Kapitel 5 EXOTISCHE TEMPEL

Das erste Auto, das mein Vater – 1960 – kaufte, war ein Volkswagen 1200, besser bekannt als »Käfer«. Sein Vater wird die Nachricht über diese Anschaffung mit Unmut aufgenommen haben, denn er hatte sich nach dem Krieg vorgenommen, keine deutschen Produkte mehr zu kaufen. Auch die Entscheidung meines Vaters für ein Radio der Marke Grundig konnte in diesen Jahren nur das Missfallen meines Großvaters erregen. Man erzählt sich – das kann ich nicht mehr überprüfen, denn mein Großvater starb 1982 –, dass er sich sogar weigerte, im Flugzeug den deutschen Luftraum zu durchqueren, doch das gehört vermutlich zu den liebevollen Übertreibungen, von denen Familienfolklore immer lebt.

Von diesem Käfer, der natürlich seit langem verschrottet ist, erinnere ich mich noch ganz genau an das typische, brummende Motorgeräusch, das tiefe Rot des Lacks (zumindest wenn das Auto gewaschen war, eine Aktion, bei der von einem Sohn schon in jungen Jahren Mithilfe erwartet wurde) und natürlich an das Nummernschild: JD-19-53. In Aufnahme der Buchstaben JD wurde der Wagen von meinen Eltern zärtlich Jodocus genannt. Autonummernschilder waren übrigens bei den kleinen Jungs unseres Wohnviertels sehr in. Meine Freunde aus der Nachbarschaft und ich hatten ständig ein kleines Notizbuch dabei, in das wir jedes Kennzeichen aufschrieben, das wir sahen, überwiegend in unserer eigenen Straße und dem Alkmaarer Neubauviertel, in das meine Eltern 1960 mit uns zwei Kindern umgezogen waren.

Meine klarste Erinnerung an die Ausflüge, die meine Eltern mit mir und meinem jüngeren Bruder in den nächsten Jahren unternahmen – ans Meer oder in die Dünen oder weiter weg zu meinen Großeltern mütterlicherseits in Nijmegen –, ist die Fahrt durch den Velsertunnel. Dann bekam nämlich jeder von meiner Mutter aus dem Handschuhfach vorn im Auto einen »Zahnball«, ein festes rundes Pfefferminzbonbon, das vermutlich so genannt wurde, weil es nicht schnell weich wurde und man ziemlich lang darauf kauen konnte. Oder vielleicht hieß es auch so, weil der Mund danach so roch, als hätte man gerade die Zähne geputzt. Einerlei, den Zahnball bekamen wir erst, wenn wir den Velsertunnel passiert hatten – sobald wir ihn hinter uns hatten, keinesfalls vorher –, und das gab der Nutzung dieses neu angelegten Tunnels etwas besonders Feierliches. Damals existierten in den Niederlanden noch nicht sehr viele Tunnel. Im Gegenteil. Außer dem Velsertunnel gab es nur noch den 1942 eingeweihten Maastunnel in Rotterdam, und in diese Stadt kamen wir selten oder nie. Somit war für uns der im Blickfeld auftauchende Velsertunnel, unweit von Alkmaar gelegen und seit seiner Eröffnung 1957 erster Rijkstunnel der Niederlande, der unter staatlicher Verwaltung stand, immer ein Anlass zur Freude. Der Velsertunnel war für uns der Tunnel schlechthin. Und nicht nur für uns.

Auf den ersten Blick ist es merkwürdig, dass die Niederlande bis vor kurzem kein Tunnelland waren. Es gibt ja so viele Flüsse und Kanäle, dass man erwarten könnte, dass hier an unzähligen Stellen Flusstunnel angelegt worden wären. Denn der unter der Schelde hindurchführende Waaslandtunnel im belgischen Antwerpen beispielsweise stammt schon aus der Zeit 1931 bis 1933, und berühmte europäische Tunnel wie der Gotthardtunnel (1872–1882) und der Simplontunnel (1898–1902) sind sogar noch viel älter. Doch diese Tunnel wurden in hartes Felsgestein gebohrt. Das ist sehr viel einfacher, als die komplexen wasser- und maschinenbautechnischen Probleme zu lösen, die bei der Anlage einer unterirdischen Uferverbindung in dem weichen niederländischen Boden anfallen. Dennoch hatte die Begeisterung meiner Eltern über den Velsertunnel weniger mit Stolz auf das niederländische technische Leistungsvermögen zu tun als mit der Tatsache, dass es endlich von ihrem Wohnort aus eine direkte Straßenverbindung zu den übrigen Landesteilen gab.

Bis 1876 hatte diese Verbindung in Form einer Landstraße zwischen Haarlem und Alkmaar existiert, doch damit war es vorbei, als in diesem Jahr der Nordseekanal eröffnet wurde, die lang erwartete westliche Seewegverbindung für den Amsterdamer Hafen. Nach jahrelanger Lobbyarbeit bei der Regierung in Den Haag wurde dieser Kanal in elf Jahren gebaut. Lange hatten die Amsterdamer die Fertigstellung der neuen Wasserstraße herbeigesehnt. Sie sollte der mühseligen Verbindung über den Nordhollandkanal ein Ende bereiten und auch den Problemen, die davor den Schiffsverkehr bei der Anfahrt über die Zuiderzee erwarteten, wo die Untiefe bei Pampus ein notorisches Hindernis darstellte. Die Amsterdamer Befürworter verglichen den Nordseekanal schon begeistert mit dem weltberühmten Suezkanal, der 1867 fertiggestellt worden war, und außerdem: Rotterdam hatte bereits 1872 seine neue Wasserstraße, den Nieuwe Waterweg, bekommen, also musste Amsterdam seinen Nordseekanal haben.

Allerdings wurde in den begeisterten Berichten über die Eröffnung des Nordseekanals schlicht und einfach übersehen, dass mit dem Schnitt durchs Land auf der Höhe von Amsterdam der nördliche Teil der Provinz Nordholland de facto zur Insel wurde. Die Interessen der Reedereien in der Hafenstadt Amsterdam wurden den sozialen und wirtschaftlichen Interessen der nördlich des neuen Kanals gelegenen nordholländischen Region übergeordnet. Vor allem wurde den Städten Den Helder und Alkmaar so die Landverbindung zum Rest des Staatsgebiets genommen.

Wer also in den Jahren vor 1957 von dem weitaus größten Teil von Nordholland aus in die anderen Landesteile reisen wollte, konnte mit dem Zug, der nordwestlich von Amsterdam über eine bewegliche Eisenbahnbrücke den Nordseekanal überquerte, dorthin gelangen. Diese Velsener Eisenbahnbrücke gehörte zur Zeit des Baus mit ihrer Länge von 128 Metern zu den größten Eisenbahndrehbrücken Europas, aber irgendwas war immer los, so dass es manchmal zu stundenlangen Verspätungen kam. Allein das Öffnen und Schließen der Brücke dauerte zwischen sieben und siebzehn Minuten, je nach Größe und Anzahl der Schiffe, die passieren wollten. Fuhr man mit dem Wagen, musste man bei Velsen die Fähre über den Nordseekanal nehmen, damals die einzige Verbindung zum anderen Ufer. Deshalb war dort meist ziemlich viel Betrieb, was zu langen Wartezeiten führen konnte. Meine Eltern ärgerten sich jedes Mal schwarz über die ihnen wohlbekannten Alkmaarer Arztgattinnen, die auf den Äskulapaufkleber auf der Frontscheibe hinwiesen und an der Fähre bevorzugt eingewunken wurden, obwohl der Arzt selbst gar nicht im Auto saß. Die Damen wollten einfach einen Tag lang in Amsterdam durch die Kaufhäuser ziehen.

Dass die Isolierung eines so großen Teils von Nordholland der wirtschaftlichen Entwicklung der entsprechenden Region sehr schädlich war, kann man sich vorstellen. Deshalb machten sich Großbetriebe wie Hoogovens – das heutige Corus – auch jahrelang für die Tunnelpläne stark. Aber wenn es um Verkehrs- und Transportinteressen ging, dachte man in den Jahren vor dem Zweiten Weltkrieg in den Niederlanden zuallererst an die Schifffahrt, denn sie war historisch die Quelle unserer wirtschaftlichen Prosperität schlechthin. An zweiter Stelle folgte die Eisenbahn, und erst auf dem dritten Platz kam der Transport über die Straße. Dass sich die wirtschaftliche Rangfolge dieser drei Arten von Güterverkehr bis heute umkehren würde, konnte in den dreißiger Jahren kein Mensch ahnen.

Wer heute von Amsterdam nach Norden fährt, einen der verschiedenen, inzwischen angelegten Tunnel nutzt und dann die Autobahn verlässt, um auf kleineren Landstraßen weiterzufahren, der wundert sich, welch eine historische Ruhe sich nach wenigen Kilometern auf die flache Landschaft zu senken scheint. Landsmeer, Den Ilp, Monnickendam oder ein wenig weiter Edam, Midden-Beemster oder Graft und De Rijp liegen nur eine Fahrradstunde Luftlinie von Amsterdam entfernt, aber die Landschaft gaukelt einem vor, dass man viel tiefer in die Provinz vorgedrungen ist. Von Amsterdam aus gesehen liegt Alkmaar in der Luftlinie zwar näher als Leiden, aber Leiden ist durch kulturelle, akademische, gesellschaftliche und soziale Verbindungen in vielfältiger Weise mit der Hauptstadt vernetzt, während Alkmaar genauso weit von Amsterdam entfernt zu sein scheint wie die Stadt Middelburg nahe der belgischen Grenze. Tatsächlich ist diese nördliche Spitze der Region Nordholland ein ebenso selbstständiger Teil der Niederlande wie Zeeland im Süden. Meiner Meinung nach ist das allein die Folge der unseligen künstlichen Abtrennung durch den Nordseekanal während eines dreiviertel Jahrhunderts zwischen 1876 und 1957, eines Zeitraums, in dem sich – wie es der Groninger Hochschullehrer Auke van der Woud bezeichnet – »das Entstehen der modernen Niederlande« vollzog. Die positive Kehrseite dieser Feststellung besteht übrigens darin, dass sowohl Zeeland als auch dieser nördliche Landstrich, die beide im siebzehnten Jahrhundert ungemein blühende und aktive Regionen waren, heutzutage zu den typischsten niederländischen Landschaften zählen.

Unternehmer und Politiker im nördlichen Teil Nordhollands haben in den 1920er und 1930er Jahren fraglos registriert, wie stark diese geographische Isolierung der wirtschaftlichen Entwicklung des gelegentlich als »Noorderkwartier« bezeichneten Gebiets im Wege stand. Deshalb wurde auch wiederholt und mit zunehmendem Nachdruck in Den Haag Abhilfe gefordert und als Lösung ein Ersatz für die überlastete Fährverbindung zwischen Haarlem und dem Norden verlangt. Das Vorbild der Rotterdamer Tunnelpläne wirkte inspirierend, und die Pläne für eine Untertunnelung des Kanals auf der Höhe von Velsen nahmen in den Jahren 1934 bis 1937 endlich Gestalt an. Schließlich fiel die Entscheidung, einen kombinierten Bahn- und Straßentunnel zu bauen, ein Vorhaben, dessen Ausführung anfangs nicht einmal durch den Ausbruch des Zweiten Weltkriegs gestört wurde.

Am 5. Mai 1941 holte ein Bagger, auffallend geschmückt mit einer flatternden niederländischen Fahne, die erste Schaufel Erde aus dem Südufer des Nordseekanals. Die Arbeiten am Velsertunnel nahmen ihren Anfang. Der Tunnel sollte nicht abgesenkt werden, wie es in Rotterdam der Fall war, sondern mit offener Baugrube errichtet werden. Dementsprechend wurden zuerst auf dem einen und danach auf dem anderen Ufer 23 Meter tiefe, von einer absolut undurchlässigen Dammwand geschützte Baugruben im Wasser angelegt, in denen die Betontunnelröhren gleich an Ort und Stelle gebaut werden konnten. Trotz der deutschen Besetzung wurde mit den Ausschachtungs- und Bauarbeiten begonnen. Im November 1942 mussten sie jedoch auf Anordnung der Besatzer eingestellt werden. Zum Schutz der bereits ausgeführten Arbeiten wurde die Baugrube total geflutet, so dass am Südufer des Nordseekanals jahrelang ein seltsamer künstlicher See lag.

Nach der Befreiung 1945 war zunächst kein Geld für die Wiederaufnahme der Tunnelarbeiten vorhanden. Deshalb begann das Palavern wieder von vorn. Alle Argumente für den Tunnelbau mussten abermals formuliert, die Lobby musste erneut bearbeitet werden, außerdem wurden zahlreiche Petitionen mit Dutzenden von Unterschriften der

Bürgermeister der Städte und Dörfer Nordhollands eingereicht. Dabei schreckte man vor großen Worten nicht zurück. Man argumentierte: »Der Zustand ist beschämend«, »völlig untragbar«, »desaströs für das Geschäftsleben«. Und in der Zwischenzeit wurden die Wartezeiten an der Velser Fähre für die wachsende Menge Autos länger und länger. An gutem Willen fehlte es in Den Haag sicher nicht, wohl aber an den notwendigen Mitteln. Erst mit Geldern aus dem amerikanischen Marshallplan konnte die Finanzierung für die Realisierung des Velsertunnels definitiv sichergestellt werden. Inzwischen zeichnete sich auch ab, dass sich der Straßenverkehr und insbesondere -transport zum entscheidenden Wirtschaftsfaktor im Wiederaufbau der Niederlande entwickeln würde.

1952 wurde die seit zehn Jahren geflutete Baugrube wieder leer gepumpt, was – wie man sich erzählt – neben der Leiche eines deutschen Soldaten auch eine Unmenge von Aalen ans Tageslicht förderte. Zwischen 1954 und 1957 wurden die Bauarbeiten schließlich mit großem Eifer wieder aufgenommen. Während der Arbeiten in und an den Baugruben wurde der Nordseekanal normal befahren, was den Tunnelarbeitern gelegentlich spektakuläre Ausblicke beschert haben muss, wenn die riesigen Fracht- und Passagierschiffe unmittelbar an der Dammwand entlangfuhren. Ein Zeichen der Zeit, in der diese Tunnelverbindung angelegt wurde, war sicher der in dem unterirdischen Komplex für das Aufsichts- und technische Personal vorgesehene Strahlenschutzkeller. Maximal dreißig Personen hätten darin eine gewisse Zeit Schutz suchen können, bis es die Situation oben auf der Erde wieder erlauben würde, die Arbeit aufzunehmen. Dabei ging man offenbar davon aus, dass ein solcher Atomangriff die oberirdischen Bauwerke unberührt ließe.

Bereits am 30. August 1956 wurde die unterirdische Verbindung zwischen dem südlichen und dem nördlichen Teil des Tunnels vollendet, und der Minister für Verkehr und Wasserwirtschaft Algera durfte als erste Amtsperson hindurchspazieren. Alles in allem überwinden die zwei Röhren des Autotunnels eine Distanz von 768 Metern, während der Eisenbahntunnel fast 1300 Meter länger ist, weil Züge derart starke Steigungen nicht bewältigen können. Etwas mehr als ein Jahr darauf, am 28. September 1957, erschien noch höherer Besuch, als Ihre Majestät Königin Juliana den Eisenbahntunnel und die beiden Autotunnel feierlich offiziell eröffnete. Sie drückte symbolisch auf diverse Knöpfe und fuhr in ihrer Limousine durch den Autotunnel ans andere Ufer und wieder zurück, wobei zur Verblüffung der zahlreich herbeigeströmten Besucher plötzlich ein Kaninchen aus der Tunnelröhre vor den königlichen Fahrzeugen herrannte, als ob die Natur, die hier bislang das Sagen hatte, definitiv die Flucht ergreifen würde.

In einem Rückblick auf die insgesamt 21 Jahre seines Lebens, die er – mit einer Unterbrechung durch den Krieg – der Vorbereitung und dem Bau der Tunnelanlage bei Velsen gewidmet hat, erklärte Chefingenieur Anton Eggink einem Journalisten gegenüber:

Ich kam häufig auf die Baustelle, und dann war dort zu spüren, dass diese Heerscharen, die hier bauten, alle wie vom Tunnel besessen waren. Im Winter, wenn es fror, blitzten aus allen Schuppen und Gebäuden im Umkreis des Kanals die kleinen Lichter, und die Scheinwerfer leuchteten bis spät in die Nacht über der Betonanfahrtsrampe … dann spürte man, wie viel Drive hinter diesem Tunnel stand, bei allen Beteiligten, oben und unten. Dann spürte man auch, dass die Kontakte der Leute untereinander nichts Amtliches mehr hatten und viele in diesem nüchternen holländischen Werk die Poesie einer Schöpfungstat sahen.

Mit ihren ein wenig feierlichen, aber treffenden Formulierungen verdeutlicht diese Beschreibung, dass mit dem Bau der zwei Röhren des Velsertunnels in der Chronik der staatlichen niederländischen Wasserbauwerke ein neues Kapitel geschrieben wurde. Nach der Sicherung des Landes durch Dämme und andere Wehre seit dem Mittelalter, im siebzehnten Jahrhundert dann durch die einzigartigen Eindeichungen, im neunzehnten Jahrhundert durch die Anlage zahlloser Kanäle und in der ersten Hälfte des zwanzigsten Jahrhunderts durch den Bau von Flussbrücken hatten die Niederländer nunmehr bewiesen, dass sie den tückisch weichen Boden unseres Landes auch unterhalb der Erdoberfläche in den Griff bekommen konnten. In diesem Sinne nährten die Velsener Tunnelröhren einen Nationalstolz, der den Niederländern eigentlich nicht angeboren ist. Aus Egginks Worten spricht zudem auch eine Art von Berufsstolz über die Leistung der bisweilen mehr als 1100 Arbeiter, die gleichzeitig auf dieser Baustelle tätig waren.

Wer heute Woche für Woche in der Zeitung über ernst zu nehmende Verzögerungen und gewaltige Kostenüberschreitungen bei so gut wie allen großen öffentlichen Bauvorhaben liest, die höhere und untergeordnete niederländische Behörden durchführen lassen – vom Bau der Nord-Süd-Untergrundbahn in Amsterdam bis zur Hochgeschwindigkeitstrasse der Bahn nach Frankreich sowie der Betuwe-Bahnverbindung nach Deutschland, um von den in den letzten Jahren bei niederländischen Baufirmen ans Licht der Öffentlichkeit gekommenen gigantischen Betrugsaffären noch ganz zu schweigen –, der gewinnt den Eindruck, dass die disziplinierte Arbeitsmotivation, von der Eggink berichtet, eher zu den Jahren des Wiederaufbaus nach dem Zweiten Weltkrieg passt, als dass man sie als nationales Wesensmerkmal bezeichnen dürfte. Die Zahnbälle, die meine Eltern mit feierlicher Geste für uns herausholten, sobald unser VW-Käfer wieder einmal den Velsertunnel passiert hatte, waren ein kleines Symbol dafür, wie ansteckend sich das Gelingen dieses großen, kollektiven Projekts auf die Niederländer ausgewirkt hatte.

Die Gesamtinvestition von – umgerechnet – etwa 60 Millionen Euro brachte nicht nur eine lang ersehnte Straßen- und Eisenbahnverbindung, sondern dazu noch, buchstäblich als Krönung des Werks, eines der schönsten und markantesten Bauwerke der niederländischen Nachkriegszeit: die Belüftungstürme der beiden Velsertunnel nach einem Entwurf des Haager Architekten Dirk Roosenburg, der zur Generation der Architekten W. M. Dudok und Gerrit Rietveld gehörte. Nach seinem Studium in Delft und Paris wurde er Schüler des großen niederländischen Baumeisters Hendrik Berlage und arbeitete als Zeichner in dessen Büro. Des Weiteren entwarf er auch die markanten Schleusen an den beiden Enden des »Afsluitdijk«, des Ab-

Die von Dirk Roosenburg entworfenen Belüftungstürme des Velsertunnels (1957).

schlussdeichs, wie auch das eindrucksvolle Gebäude der Sozialversicherungskasse am Amsterdamer Apollolaan, das heute sogenannte Apollohouse.

Mit den Belüftungstürmen des Velsertunnels schuf er in meinen Augen ein einzigartiges Werk, das offenbar in großer gestalterischer Freiheit entstand. Natürlich brachte die Funktionsweise der vier hohen und vier niedrigen Belüftungstürme eine gewisse Einschränkung mit sich, aber die Ausarbeitung der äußeren Form und die externe Gestaltung verrät eine durch und durch eigenwillige, exzentrische Ästhetik. Auch die Wahl des Materials für die Außendekoration, glasierter Backstein, war originell und zugleich höchst niederländisch. Dirk Roosenburg ist der Großvater des heute bekannten niederländischen Architekten Rem Koolhaas. Wenn man das weiß, versteht man, dass dessen visionäre Originalität anscheinend in der Familie liegt. Wer sich den Velsertürmen von weit her nähert, würde eher exotische Tempel oder die Tore eines geheimnisvollen Palasts vor sich vermuten, als die Belüftungsanlage des ersten staatlichen Tunnels auf niederländischem Boden.

Kapitel 6 QUELLWASSER AUS DER LEITUNG

Seit Jahr und Tag hielt ich mich für jemanden mit gut ausgebildeten Geschmacksnerven. Ich weiß sofort, ob mir etwas schmeckt, und kann auch meist erläutern, warum das so ist. Meist gelingt es mir auch noch, durch sorgfältiges Kosten die Bestandteile und Gewürze eines Gerichts zu bestimmen. Ich weiß noch ganz genau, wie erstaunt ich als Kind war, als ich erfuhr, dass es nur vier Geschmacksrichtungen gibt: süß, salzig, bitter und sauer, und dass alle Aromen der Welt aus einer Kombination dieser vier Basisgeschmacksrichtungen bestehen. Das Phänomen, dass alle Farben, die man sieht, sich von den sieben Grundfarben Rot, Orange, Gelb, Grün, Blau, Indigo und Violett ableiten, ist schon höchst bemerkenswert, und es grenzt an ein Wunder, dass die meisten Texte der Welt aus einer Kombination von etwa sechsundzwanzig Buchstaben bestehen; aber dass nur vier Geschmacksrichtungen die Grundlage für alles bilden, was man schmecken kann, das war für mich eine sensationelle Entdeckung. Nun hat sich herausgestellt, dass ich auf dem Gebiet des Geschmacks längst nicht so außergewöhnlich bin, wie ich zu sein glaubte. Jedenfalls muss ich eingestehen, dass meine Frau mir fraglos überlegen ist. Das zeigt sich schon bei so etwas Unspektakulärem wie dem Geschmack von Wasser.

Erstens ist für sie der Geschmack von Wasser überhaupt nichts Unspektakuläres. Im Gegenteil, für sie sind Mineralwasser und Quellwasser eine Welt der Sinnesfreuden, der unterscheidbaren Sorten und verschiedensten Geschmacksrichtungen. Nachdem sie zahlreiche Handelsmarken ausprobiert hatte, kam sie vor einigen Jahren zu dem Schluss, dass Quellwasser aus dem norwegischen Imsdal für sie den besten Geschmack besitzt. Dieses Wasser wird aus Quellen in der Umgebung des Rondane-Gebirges gewonnen, das zum ältesten Nationalpark Norwegens gehört, dem Rondane-Nationalpark. Wenn ich Wasser trinken möchte, fülle ich mir einfach ein Glas oder eine Karaffe mit Leitungswasser; anders meine Frau, sie nimmt es auf sich, zweimal wöchentlich eine schwere 1,5-Literflasche ihres Lieblingswassers aus dem Bioladen zu holen.

Groß war daher ihre Enttäuschung, als sich eines Tages herausstellte, dass Imsdal den Export in die Niederlande ausgesetzt hat und diese Wassersorte in Amsterdam nicht mehr aufzutreiben war. Abermals kam es zu ausgiebigen vergleichenden Untersuchungen, aus denen schließlich ein französisches Quellwasser namens Mont Roucous als Sieger hervorging. Auch mit diesen Lieferungen ging es anscheinend bergab, denn als ich nicht viel später beim Einkaufen eine Flasche dieses im Haut Languedoc in fast 1000 Meter Höhe gewonnenen Quellwassers für sie mitbringen wollte, war das entsprechende Fach im Bioladen wieder leer.

In einem Anfall liebevoller Fürsorge radelte ich dann zum Amsterdamer Waterwinkel weiter, einem Spezialgeschäft, das mehr als hundert verschiedene Sorten Quell- und Mineralwasser im Angebot hat. Ich legte dem Verkäufer meinen einfachen Wunsch vor: eine Flasche Imsdal oder eine Flasche Mont Roucous. Er musste mich enttäuschen. Dann etwas, was dem möglichst nahe kommt, bat ich eindringlich. Der Verkäufer kämpfte sich durch die ganze norwegischsprachige Website von Imsdal, studierte ausgiebig die französischsprachige Site von Mont Roucous und empfahl mir schließlich dezidiert eine dritte Sorte (Contrex, gewonnen aus einer bereits im achtzehnten Jahrhundert entdeckten Quelle in der Nähe von Contrexéville, einem Kurort in Lothringen), die eine Vielzahl derselben biologischen Eigenschaften wie das von mir gewünschte französische Wasser besäße. Mit einem Lächeln schenkte ich am Abend meiner Frau ein Glas aus meiner Entdeckung ein. Es mundete ihr nicht. Anscheinend hält Wasser für Menschen, die mit den entsprechenden Geschmacksnerven ausgestattet sind, ein Potenzial an Geschmäckern bereit, die für einen gewöhnlichen Sterblichen einfach nicht nachvollziehbar sind.

In ihrer verfeinerten Vorliebe für abgefülltes Wasser steht meine Frau absolut nicht allein da. Mineral- und Quellwasser wurden in den vergangenen Jahren in den Niederlanden beliebter als je zuvor, beim Sport wie in der Freizeit, im Büro, unterwegs wie zu Hause. Insgesamt wurden 2007 mehr als 350 Millionen Liter konsumiert, etwa 22 Liter pro Kopf der Bevölkerung. Das ist längst nicht so viel wie Italiener, Belgier und Deutsche trinken, dazu komme ich gleich, aber es ist mehr als in den Jahren davor, und verglichen mit dem Jahr 1980 hat sich der Konsum sogar nahezu verdreifacht. Früher wartete man, bis man wieder zu Hause war und holte sich dann einfach ein Glas Leitungswasser, oder man trank im Lauf des Tages einige Tassen Tee. Heute sieht man dagegen überall und jederzeit Leute mit ihrer eigenen kleinen Wasserflasche: Studenten im Hörsaal, Jogger im Park, Zugreisende, Kongressteilnehmer, Radfahrer. Dieses neue Konsumverhalten, das sich allmählich fast zu einem Wasserkult ausgewachsen hat, ist ein internationales Phänomen. In den USA ist »Health and Wellness« ein gigantischer Wachstumsmarkt. Selbst Unternehmen wie McDonald's und Coca-Cola sind in einer Weise auf den Zug aufgesprungen, die vor zehn oder zwanzig Jahren noch undenkbar gewesen wäre. Knackiger Salat bei McDonald's? Eine Flasche Tafelwasser von Coca-Cola? Das Phänomen, dass Mineral- und Quellwasser sogar in den Niederlanden in Mode kommen, hat meiner Meinung nach hauptsächlich vier Gründe.

DAS QUANTITÄTSARGUMENT

Ein Mensch braucht täglich eine bestimmte Menge Flüssigkeit, um zu kompensieren, dass er vor allem durch Urinieren und Transpirieren täglich etwa zwei Liter Wasser verliert. Genauer gesagt: Er verliert in etwa fast 30 ml Flüssigkeit pro Kilo Körpergewicht. Einen Teil der erforderlichen Flüssigkeitsmenge nimmt man beispielsweise durch den Verzehr wasserreicher Nahrung wie Obst und Gemüse zu sich. Doch ein Großteil der einzunehmenden Flüssigkeit muss getrunken werden. Je nach Witterung (warm oder kalt, trocken oder nass) und Tätigkeit (Sporttreiben oder Stillsitzen) geht es um eine nötige Flüssigkeitszufuhr zwischen anderthalb und zwei Litern. Vor allem Sportler und ältere Menschen werden in Zeitungen und auf Websites regelmäßig in Angst und Schrecken versetzt durch den Hinweis auf die Gefahren der Dehydration, obwohl sich herausgestellt hat, dass exzessives Wassertrinken beispielsweise für Teilnehmer an Marathons und Wanderungen ebenfalls große Gesundheitsrisiken mit sich bringen kann. Auch die gestiegenen durchschnittlichen Sommertemperaturen in den Niederlanden tragen zu diesem höheren Wasserverbrauch bei. Und wegen der Klimaanlagen, die trockene Luft produzieren, fühlen sich die meisten Unternehmen und Behörden heute verpflichtet, für ihre Arbeitnehmer und Besucher überall Wasserspender aufzustellen.

Kaffee, das Getränk, das früher im Lauf des Tages in großen Mengen zur Begrüßung und als Aufputschmittel serviert wurde, wird mehr und mehr mit einem Tabu belegt. Koffein ist nicht nur wegen seines Suchtfaktors von vielen in Acht und Bann getan, man erzählt sogar das Märchen, Kaffee entziehe dem menschlichen Körper die Flüssigkeit.

In wenigen Jahren ist Wasser aus der Flasche in unserem Land zu einer Art Grundnahrungsmittel geworden, das – neben einem Notizblock, einem Stift mit Firmenlogo und einem in Plastik eingeschweißten Namensschild – nicht einmal in der Tasche fehlt, die ein durchschnittlicher Kongressbesucher heutzutage zur Begrüßung erhält. Die Wartezone in einer Bankfiliale oder einem Reisebüro ohne Wasserautomat? Das findet man nur noch selten. Einem Kunden oder Besucher kein Wasser anzubieten gilt fast schon als Ungastlichkeit. Jeder Tropfen wird ja gebraucht, um auf das täglich benötigte Wasserquantum zu kommen. Wie es auf einer der zahllosen Gesundheits-Websites so schön heißt: »Wenn Sie Ihrem Körper etwas Gutes tun wollen, trinken Sie viel.«

DAS QUALITÄTSARGUMENT

Leitungswasser soll in den Niederlanden von bester Qualität sein. Es wird überwiegend aus Grundwasser gewonnen, das weniger verschmutzt ist als Oberflächenwasser; und es ist bakteriologisch kontrolliert. Außerdem hat es eine konstante Temperatur von circa 10 Grad, so dass die Reinigung ziemlich einfach (und daher preiswert) ist. Vor allem die niederländischen Nordseedünen besitzen einen ausgezeichneten Ruf als langsame und deshalb gründliche Filter von Süßwasser, das für die allgemeine Wasserversorgung gewonnen wird. Unter anderem dank der strengen heimischen und europäischen Qualitätsnormen gilt das niederländische Leitungswasser als so hochwertig, dass manche es für eine Sünde und Schande halten, dieses kostbare Trinkwasser aus dem Hahn auch für Körperhygiene, für Waschmaschinen oder zum Bewässern des Gartens zu verwenden. Aber die Anlage eines zweiten Leitungsnetzes für Brauchwasser geht den sparsamen Niederländern doch wieder zu weit.

Trotzdem werden all diese Qualitätsnormen für Leitungswasser negativ ausgedrückt: Es gibt keine Schadstoffe im Leitungswasser, es ist nicht trüb, es hat keinen schlechten Geschmack, und es stinkt nicht. Davon heben sich Mineralwasser und Quellwasser – zumindest nach dem allgemeinen Volksempfinden – durch eine Reihe positiver Eigenschaften ab. In puncto Quellwasser ist dieses Volksempfinden sowieso Unfug. Quellwasser stammt aus einer der (staatlich anerkannten) unterirdischen Quellen und hat eine natürliche Zusammensetzung. Es enthält manchmal (zugesetzte) Kohlensäure, muss aber nicht unbedingt direkt an der Quelle abgefüllt werden. Es gibt im Falle von Quellwasser keinerlei Anzeichen für irgendeine gesunde Nebenwirkung.

Bei Mineralwasser kann das anders liegen. Auch natürliches Mineralwasser stammt aus einer (staatlich anerkannten) unterirdischen Quelle. Das Wasser besitzt eine natürliche Reinheit und Zusammensetzung und enthält unter anderem Minerale und Spurenelemente. Manchmal enthält es auch (zugesetzte) Kohlensäure und wird, im Gegensatz zum Quellwasser, direkt an der Quelle abgefüllt, was die Suggestion von Reinheit noch verstärkt. Natürliches Mineralwasser muss den gesetzlichen Anforderungen entsprechen. Ob allerdings die erlaubten höheren Mengen an Natrium, Kalium, Sulfat und Sulfiden nun so gesund beziehungsweise schmackhaft sind, ist sehr die Frage. Forschungen haben erwiesen, dass sich das niederländische Leitungswasser und das durchschnittliche belgische und niederländische Mineralwasser sehr ähneln. Die Nieren werden davon bestimmt nicht besser, wenn man zusätzlich zu dem, was schon die normale, abwechslungsreiche Ernährung bietet, täglich viele Minerale zu sich nimmt.

Dennoch hält sich die Vorstellung von einer vermeintlichen therapeutischen Wirkung des Mineralwassers hartnäckig. Darauf pocht die in diesem Bereich immer aktivere Erfrischungsgetränkeindustrie natürlich gern, besonders unter dem allgemeinen Hinweis auf das sogenannte »gewachsene Gesundheitsbewusstsein der niederländischen Bevölkerung«. Das führt auf (kommerziellen) Gesundheitswebsites zu idiotischen Behauptungen wie folgender: »Sobald der Wassergehalt des Körpers um zwei Prozent abnimmt, gehen die Hirnfunktionen eindeutig und merklich zurück.« Oder: »Beim Abnehmen wirkt Wasser Wunder.« Oder noch verrückter: Warme Ohrläppchen seien ein Hinweis auf überlastete Nieren. Und was ist das ideale Heilmittel dagegen? »Da heißt es: mehr Wasser trinken und weniger Kaffee und Alkohol.«

DAS BEQUEMLICHKEITSARGUMENT

Ein drittes Argument, das zum Wandel der Wassertrinkgewohnheiten der Niederländer in den letzten Jahren beigetragen hat, ist das der Bequemlichkeit. Eine eigene Wasserflasche, die man stets und ständig bei sich hat, gilt als bequem. Dozenten, die in einem Hörsaal vor den Studenten stehen, müssen sich nicht mehr verzweifelt umblicken, ob wohl jemand eine Karaffe Quasselwasser bereitgestellt hat. Das entsprechende Hilfspersonal wurde schon längst weggespart. Zugreisende können sich nicht mehr darauf verlassen, dass jemand mit einer mobilen Getränkebar vorbeikommt. Die privatisierte Bahn ist vollauf damit beschäftigt, ihre Züge pünktlich fahren zu lassen. Deshalb haben die meisten Zugreisenden ein handliches Fläschchen mit 0,3 oder 0,5 Liter abgefülltem Wasser dabei und sind so für die Befriedigung ihres (eingebildeten oder tatsächlichen) Wasserbedarfs von niemandem abhängig. Auch in Versammlungsräumen oder Wartezimmern kann ein Wasserautomat aufgestellt werden, bei dem man die großen 25-Liter-Behälter nur auswechseln muss, sobald sie leer sind. Man braucht keinen Anschluss an die Wasserleitung, für die Kühlung reicht eine Steckdose. Es muss auch kein Kaffee mehr gebracht werden, wie es früher in Büros und in Amtsstuben üblich war; jeder ist zu jedem Zeitpunkt des Tages sein eigener Selbstversorger.

DAS LIFESTYLE-ARGUMENT

Das individuelle Bequemlichkeitsargument geht nahtlos in etwas über, was für Niederländer ein bemerkenswerter Aspekt des Kults um abgefülltes Wasser genannt werden darf, und zwar das Markenbewusstsein. Dabei spielt auch die soziale Wirkung eine entscheidende Rolle, wie man an den manchmal phantasievollen Variationen im Design der Plastik- oder Glaswasserflasche erkennt. Wie Sportschuhe, iPod oder Handy nicht allein unter funktionalen Aspekten ausgesucht werden, so kann der moderne Konsument auch Altersgenossen, Mitreisende und Kollegen nachhaltig beeindrucken, wenn er mit einer Wasserflasche in außergewöhnlichem Design oder mit der Flasche eines exotischen Quellwassers auf der Bildfläche erscheint. Für die Niederländer, die noch vor erst einer Generation ein Volk der Brotdosen und Thermoskannen mit Kaffee oder Tee waren, ist das in soziologischer Hinsicht eine sensationelle Entwicklung, die sich am besten durch die Globalisierung der Produktions-, Distributions- und Konsumgewohnheiten erklären lässt. Der Mensch ist, was er trinkt, betet uns die Werbung 24 Stunden am Tag vor, und das gilt nicht mehr allein für Bier, Whisky und Wodka, sondern ebenso für Quellwasser.

Trotz dieser vier ausschlaggebenden Argumente, die den Niederländer allmählich zum Quellwassertrinker werden ließen, verleugnet sich unser Volkscharakter freilich auch bei diesem Thema keineswegs. Der Quellwasserkonsum in unserem Land ist nicht nur noch immer fünfmal geringer als beispielsweise in Deutschland (22 Liter pro Kopf der

Bevölkerung pro Jahr in den Niederlanden gegenüber mehr als 100 Litern in Deutschland), hierzulande hält sich zum Kummer der Industrie auch ein hartnäckiges Verhalten, das der Marktentwicklung für Quellwasser im Wege steht, nämlich die typisch niederländische Angewohnheit, die Quellwasserfläschchen nachzufüllen, jedoch nicht nur mit Quellwasser aus einer großen, folglich preiswerteren Flasche, sondern vorzugsweise mit Wasser aus der eigenen Leitung. Anscheinend schmeckt Leitungswasser immer noch gut genug, um es mit Quellwasser aufnehmen zu können. Überdies widerstrebt es dem Niederländer, aus nicht völlig unerklärlichen Gründen, am Bahnhof für eine Miniflasche Quellwasser einige Euros hinzulegen, wenn man dasselbe Fläschchen, gefüllt mit köstlichem Leitungswasser, auch von zu Hause mitnehmen kann. Kein Mensch sieht den Unterschied. Eine schlaue Website behauptet sogar, man müsse dem niederländischen Leitungswasser nur eine halbe Messerspitze Salz und ein paar Körnchen Backpulver zusetzen, um einen Geschmack zu erhalten, der sich vom exzellenten Vichy-Wasser nicht unterscheiden lasse. Das sehe ich meine Frau noch nicht ausprobieren, wenn auch nur, weil sie Vichy-Wasser vermutlich nicht mag.

Wie Berechnungen ergeben haben, ist ein Glas abgefülltes Quellwasser mindestens 500-mal teurer als ein Glas Leitungswasser. Man kann die sparsamen Niederländer gut verstehen. Untersuchungen der niederländischen Erfrischungsgetränkeindustrie (Nederlandse Frisdranken Industrie, NFI) haben ergeben, dass mindestens 65 Prozent der männlichen Niederländer ihr Quellwasserfläschchen wieder mit Leitungswasser auffüllen. Bei Frauen sind es sogar

Eine 0,75 Literflasche kohlensäurefreies argentinisches Quellwasser aus Patagonien, für den Liebhaber auch in Amsterdam zum Preis von Euro 4,95 erhältlich.

86 Prozent. Die Warnungen der Getränkelobby, dass die ganze Nachfüllerei höchst unhygienisch sei, weil kleine Speichelreste in die Flasche gerieten und einen Nährboden für Bakterien formten, zeigt offenbar nur geringe Wirkung. Die Niederländer machen sich jedenfalls nicht viel daraus: 38 Prozent der Männer und sogar 50 Prozent der Frauen tanken ihr Fläschchen im Durchschnitt nicht weniger als sechsmal auf. Ja, so kennen wir unsere Niederländer. Denn wer sich rein sachlich die oben angeführten Argumente für das Trinken von Mineralwasser und Quellwasser vornimmt, kommt, mit einem Seitenblick auf sein Portemonnaie, schnell zu dem Schluss, dass diese Argumente angesichts der auffallend niedrigeren Kosten durchaus auch für das höchst lobenswerte niederländische Leitungswasser gelten. Nicht umsonst nannte die Generation meiner Großeltern früher das Leitungswasser liebevoll »Gemeindepils«.

Bei uns zu Hause ist der Wasserkonsum übrigens keine große Debatte wert. Meine Frau wird noch eine Weile ihre Suche nach dem idealen Quellwasser fortsetzen. Vermutlich gibt es das ideale Wasser für jede Gelegenheit gar nicht, ebenso wenig wie das bei Wein der Fall ist. Oder ist womöglich der ideale Geschmack von Wasser mit der größten Geschmacklosigkeit gleichzusetzen? Selbst wenn dem so wäre, bleibt die Wahl des Lieblingswassers doch eine strikt individuelle Angelegenheit.

Kapitel 7 DIE NIEDERLANDE ALS STRANDWANDERUNG

Als kleiner Junge stellte ich mir immer vor, wenn man nur angestrengt genug vom niederländischen Nordseestrand aus zum Horizont späht, könnte man die englische Küste erkennen. Zwar nur als schmalen Streifen, aber trotzdem. Bedauerlicherweise konnte davon früher, wie auch heute noch, keine Rede sein. Die kürzeste Entfernung zwischen den Niederlanden und England auf der Höhe von Vlissingen beträgt immerhin mehr als 150 Kilometer, und am nordholländischen Strand bei Bergen aan Zee, den wir früher oft aufsuchten, ist es mindestens doppelt so weit. Dennoch hielt ich weiter Ausschau, gelockt von der Sehnsucht nach dem Haus meiner Großeltern väterlicherseits in Kew, einer kleinen Stadt vor London. Diese Vorstellung, über die Nordsee in Richtung von etwas zu schauen, was ebenso kostbar war wie weit entfernt, hat für mich den Strand als Ort sommerlicher Ferienfreuden oder winterlicher Wanderungen immer mit Fernweh verknüpft.

Neben dieser persönlichen Assoziation mit dem fernen England übt der Strand aber auf mich, wie auf die meisten Niederländer, traditionell eine besondere Anziehungskraft aus. Es lässt sich allerdings nicht einfach in Worte fassen, worauf genau die Anziehungskraft dieses schmalen Sandstreifens an den salzigen Fluten der Nordsee beruht, zumal man die Freuden von Wind, Sand, Sonne und Meer mit so vielen zugleich teilen muss. Dieser lemminghafte Drang zur Küste, der vor allem die Stadtbevölkerung Nord- und Südhollands im Sommer und an den Wochenenden überfällt, scheint in seiner Kollektivität manchmal mehr eine Frage des Instinkts als eine Addition individueller Entscheidungen zu sein – vergleichbar Tieren, die zu einer bestimmten Jahreszeit massenweise zu einem anderen Ort aufbrechen.

Der französische Historiker Alain Corbin hat in seiner Studie *Le territoire du vide (Meereslust. Das Abendland und die Entdeckung der Küste)* gezeigt, dass die Meeresküste für Europäer bis weit ins achtzehnte Jahrhundert hinein als unbehaustes, unwirtliches Gebiet galt, als eine Landschaft, die eher mit Schiffbruch und anderem Unheil in Verbindung gebracht wurde als mit Freizeit und Vergnügen. Corbin erklärt, wie die Küste im Lauf des neunzehnten Jahrhunderts unter dem Einfluss medizinischer Theorien, die einen Aufenthalt am Meer, das Baden im Meer und die saubere Luft als heilsam anpriesen, zur Bühne einer wahren Strand- und Badekultur wurde, anfangs nur für die Oberschicht, später auch für die Massen.

So bekam auch jener Streifen Sand, der den äußersten Rand der Niederlande an der Nordsee markiert, im vergangenen Jahrhundert eine nahezu vollständig touristische Funktion, was jedoch nicht heißen soll, dass die vielen Kilometer niederländischer Nordseestrand überall auch nur im Geringsten identisch wären. Im Gegenteil, wer mit mir vom Süden bis in den Norden am Strand entlangwandern möchte, von Cadzand-Bad in Zeeland, nahe der belgischen Grenze, bis ganz hinauf nach Den Helder an der äußersten Spitze Noordhollands – freilich notgedrungen gelegentlich von einer kleinen Strecke per Schiff oder Auto unterbrochen –, dem garantiere ich ebenso viel Abwechslung, als wenn er dieselbe Distanz Richtung Norden etwas weiter landeinwärts zurücklegen würde.

Allein schon der Gezeitenwechsel bringt es mit sich, dass wir alle 12 Stunden und 25 Minuten an den meisten Stellen nur einen schmalen Sandstreifen zur Verfügung haben, der in den dazwischenliegenden Stunden langsam breiter und danach wieder schmaler wird.

In Cadzand wähnt man sich noch an der belgischen Küste, auch wegen der französisch klingenden Bezeichnung für die dortige Seepromenade, Boulevard de Wielingen. Von hier aus kann man in einer oder zwei Stunden Richtung Norden zum nahe der Küste gelegenen Nieuwesluis wandern. Auffällig und für die Strände in Zeeland charakteristisch sind hier die ins Meer führenden Pfahlreihen, die den Wellenschlag brechen sollen, durchaus zu unterscheiden von den Strandpfählen aus Eichenholz, die alle 250 Meter parallel zum Meeresrand am Strand aufgestellt sind. Von dem nur wenige Kilometer entfernten Breskens aus verlassen wir Zeeuws-Vlaanderen mit der Fähre nach Walcheren. Von der Fähre aus schiebt sich die Hafenstadt Vlissingen rasch näher, doch einen einladenden Anblick bietet sie nicht. Vlissingen lässt sich am besten mit einer hässlichen Muschel vergleichen, aus Häuserblocks des Nachkriegswohnungsbauprogramms bestehend. Im Zentrum gibt es allerdings noch eine riesige Altstadt, die wir, trotz ihres historischen Stadtkerns und des schönen, unmittelbar östlich von Vlissingen gelegenen Forts

Rammekens aus dem siebzehnten Jahrhundert dennoch rechts liegen lassen, um unsere Strandwanderung an den bisweilen als Zeeuwse Rivièra, Riviera von Zeeland, bezeichneten Seedörfern Dishoek, Zoutelande und Westkapelle fortzusetzen. Den anspruchsvollen Beinamen verdanken sie nicht allein ihren einladenden, angenehmen Sandstränden, sondern vor allem der für die Niederlande seltenen Lage der Strände Richtung Süden. Dafür muss sich der Badegast allerdings darauf einstellen, dass gelegentlich riesige Frachter auf dem Weg zur Scheldemündung am Strand vorüberfahren, doch das tut der Qualität der Strände keinen Abbruch.

Dort ist die Dünenreihe hoch – manchmal fast 50 Meter – und vor allem bei Zoutelande ausnehmend schmal. Eigentlich ist es völlig unverständlich, dass diese heikle natürliche Küstenbefestigung in den vergangenen Jahrhunderten allen Stürmen so gut standhalten konnte. Bei Westkapelle wurde die Küstenbefestigung daher auch schon im sechzehnten Jahrhundert mit einem Deich verstärkt. Im Oktober 1944 bombardierten die Engländer diesen Deich, um durch die Überflutung der gesamten Insel Walcheren die verbliebene deutsche Abwehr hinter den undurchdringlichen Atlantikwall zu treiben. Der Plan gelang, jedoch um den Preis von Hunderten ziviler Opfer. Es bleibt ein unlösbares moralisches Dilemma, ob die Schaffung freier alliierter Verbindungslinien über die Schelde nach Antwerpen die zerstörerischen Folgen dieser Aktion aufwog. Das nach dem Krieg wiederaufgebaute Dorf Westkapelle hat bis auf den zum Leuchtturm umfunktionierten Kirchturm nichts von seinem früheren Charme zurückgewonnen, der auf alten Fotos noch zu sehen ist.

Nach weiteren fünf Kilometern Fußmarsch über den nach dem Krieg wieder angelegten Westkappelse Zeedijk, den Meeresdeich von Westkapelle, und danach einem weiteren Stück auf dem Strand wähnt sich der Wanderer wieder in einer schöneren Vergangenheit, sobald das Küstendorf Domburg ins Bild kommt. Seit Mitte des neunzehnten Jahrhunderts ist dies der Ort par excellence, hier trafen sich der Adel der Provinz Zeeland und die bürgerliche Elite der Stadt Middelburg und bauten einen Badeort. Die Fama vom heilsamen Aufenthalt am Meer, verbunden mit dem Ruhm berühmter Therapeuten wie dem Masseur Dr. J. G. Mezger, brachte Domburg in ganz Europa den Ruf eines mondänen Badeorts ein. Auch für die niederländischen Künstler wie etwa Piet Mondrian und Jan Toorop wurde das Dorf Anfang des zwanzigsten Jahrhunderts zum beliebten, oft in ihren Werken verewigten Ort. Zwischen 1880 und 1940 besaß Domburg von allen Badeorten Zeelands eine gleichermaßen große Anziehungskraft für die Künstler und die Reichen, für die Schickeria wie für die Boheme, eine Tatsache, die dem Dorf noch heute vage nostalgisch anhaftet.

Weiter geht es am künstlich abgeriegelten Veerse Meer, dem Binnensee von Veere entlang, und dann wandern wir – nach einem kleinen Stück per Anhalter über den Oosterscheldedam – über die Insel Schouwen-Duiveland mit dem charakteristischen Leuchtturm von Haamstede, der nach dem Bau eines Flughafens in unmittelbarer Nähe 1937 sein auffallendes, rot-weiß gestreiftes Aussehen erhielt. Mit dem Überqueren des Grevelingensees lassen wir Zeeland endgültig hinter uns.

Nun wandern wir über die verlassenen, weniger touristischen Strände der südholländischen Insel Goeree-Overflakkee und überqueren anschließend das nördlichste von den Deltawerken abgeschlossene Gewässer, den Haringvliet, die Haringvliet-Schleuse. Hier bleibt selbst dem eifrigsten Wanderer nichts anderes übrig, als sich – per Anhalter oder selber fahrend – motorisiert landeinwärts zu bewegen und zu versuchen, die Maasvlakte und das Botlekgebiet zu umfahren, die völlig industrialisierte Hafenzone von Groß-Rotterdam. Die einzige Sehenswürdigkeit, auf die der desorientierte Strandwanderer in dieser Region nicht verzichten darf, ist die wunderschöne Festungsstadt Den Briel, die unmittelbar an den Ausläufern der Rotterdamer Hafenanlagen liegt. An dieser Stelle unterstützten die sogenannten Wassergeusen, ein chaotischer Haufen protestantischer Piraten, Wilhelm von Oranien in seinem Kampf gegen die spanische Zwangsherrschaft und konnten die Spanier am 1. April 1572 aus der Stadt vertreiben, was natürlich Öl ins Feuer des niederländischen Aufstands gegen den katholischen Philipp II. war.

Nördlich des Kanals Nieuwe Waterweg, der Rotterdam den wichtigen Zugang zur Nordsee ermöglicht, kann man von Hoek van Holland aus den Fußmarsch fortsetzen. Hoek van Holland ist ein nicht sonderlich attraktiver, vom Krieg schwer getroffener Küstenort, der seine Bekanntheit der Schiffsverbindung zum englischen Harwich verdankt. Nur aus diesem Grund bin auch ich in der Vergangenheit unzählige Male mit dem Zug dorthin und von dort wieder zurückgereist. Hier, bei Pfahl »118«, beginnt das lange, schnurgerade Strandstück, das bis zur äußersten Spitze von Nordholland führt, und wir wissen, dass wir bei Strandpfahl »0«, der in

Den Helder steht, herauskommen müssen. Das ist auch die Strecke der »Strandzesdaagse«, einer erstmals 1958 und seitdem alljährlich veranstalteten sechstägigen Wandertour.

Von Hoek van Holland aus sind als Erstes etwa vier Stunden Fußmarsch nach Den Haag zu bewältigen, parallel zu den Gewächshäusern des Westlands direkt hinter den schmalen Dünen. Auf dem Weg dorthin hat man da und dort Strandpavillons für jene Badegäste und Wanderer errichtet, die abgelegene Strandzugänge den belebteren Badeorten vorziehen, doch erst bei Loosduinen, bei Kijkduin und vor allem bei Scheveningen – nachdem wir dort zuerst den Fischerhafen umrundet haben – wird der Strand zur echten Freizeitattraktion. Nicht umsonst behandelt der bereits erwähnte Alain Corbin in seiner Studie Scheveningen als einzigen niederländischen Badeort. Aber wie schon die Umgebung von Vlissingen ist auch hier die Küste grauenhaft hässlich bebaut: nichts als Beton und Hochhäuser, so weit das Auge reicht. Selbst das klassische, 1886–1887 nach einem Entwurf der deutschen Architekten Johann Friedrich Henkenhaf und Friedrich Ebert als Luxusstrandhotel (mit Musiksaal und Casino) erbaute Kurhaus geht fast im Einheitsbrei der Neubauten unter.

Während der deutschen Besetzung wurde der küstennahe Teil Scheveningens evakuiert und zum Sperrgebiet erklärt. Später wurde dieser Streifen als Teil des Atlantikwalls mit gewaltigen Küstenverteidigungsanlagen aus Beton versehen, um eine potenzielle Küstenlandung der Alliierten verhindern zu können. Nach dem Krieg wurden die Bunker, Kasematten und Panzersperren abgetragen und auf dem noch unbebauten Land meist zu große und zu hohe Gebäude errichtet, die schon aus der Ferne den Anblick der Küstenlinie verunstalten. 1961 wurde der weit ins Meer führende Pier von Scheveningen völlig erneuert. Hier sucht die Den Haager Bevölkerung im Sommer noch genau dieselben Strand- und Badefreuden wie vor fünfzig oder hundert Jahren. Inmitten dieser gewaltigen Betonfront ragt auf dem Scheveninger Boulevard ein Obelisk empor, der daran erinnert, dass an dieser Stelle Graf Wilhelm Friedrich von Oranien – der spätere König Wilhelm I. von Oranien-Nassau – am 30. November 1813 aus England zurückkehrend seinen Fuß an Land setzte, was zwei Jahre darauf zur Konstituierung des Königreichs der Niederlande führte.

Wenige Kilometer nördlich von Scheveningen zeigt sich der Strandabschnitt Wassenaarse Slag, der an die Den Haager Dünenwasserleitung grenzt, wieder unbebaut und als unversehrte Natur mit nur wenigen Strandpavillons. Selbige eignen sich – wie ich aus eigener Erfahrung weiß – ausgezeichnet für Feiern und Gastmahle, weit entfernt von geschlossenen Ortschaften oder irgendwelchen Nachbarn.

Eine gute Stunde Fußmarsch weiter liegen die bereits im Mittelalter entstandenen Orte Katwijk und Noordwijk. Beide Fischerstädtchen, mit jeweils eigener Tracht und eigenem Dialekt, haben sich im zwanzigsten Jahrhundert mehr und mehr der Tourismusindustrie ausgeliefert, wobei sich Noordwijk sehr bald luxuriöser entwickelte als die Nachbargemeinde. Die beiden ursprünglich separaten Dorfkerne sind allmählich zusammengewachsen. Heute kann sich Noordwijk nur noch eines Fünfsternehotels, *Huis ter Duin*, rühmen. Eine Erwähnung verdient auch die Tatsache, dass hier der berühmte Bierbrauer Alfred Heineken begraben liegt. Katwijk dagegen hat sicher die älteren Rechte, denn seine Existenzberechtigung kam von der Natur: Quer durch die kleine Stadt fließt der Oude Rijn, der Alterhein, um in die Nordsee zu münden, und das verschaffte dem Ort bereits zur Römerzeit eine administrative, militärische und ökonomische Machtposition. Heute konkurrieren Katwijk und Noordwijk vor allem um die Anzahl der Snackbars und allgegenwärtige architektonische Scheußlichkeiten miteinander.

In dieser Hinsicht werden die zwei inzwischen locker von dem gut zehn Kilometer entfernten, in der Provinz Nordholland gelegenen Zandvoort überboten. Wir haben nun die Hälfte der langen, geraden Strecke nach Den Helder geschafft und befinden uns auf der Höhe von Strandpfahl »66«, knapp hinter dem Amsterdamer Wassereinzugsgebiet in den Dünen. Schon seit der ersten Hälfte des neunzehnten Jahrhunderts entwickelte sich Zandvoort für Amsterdam und Umgebung zum Badeort schlechthin. Zwar zählt der Ort nur etwa 15 000 Einwohner, doch an hohen Feiertagen im Sommer liegt garantiert eine vielfache Zahl von Menschen am Strand. Wenn die dorfnahe Autopiste von Zandvoort in Betrieb ist, verpesten Abgase und ein ohrenbetäubender Lärm die Luft, doch die Gemeindeverwaltung hält mit wirtschaftlichen Argumenten an dieser infernalischen Attraktion fest.

Kaum eine halbe Stunde weiter gelangen wir ins einst so friedliche Bloemendaal aan Zee, wo seit einigen Jahren die Beachpop-Kultur den traditionellen Familienausflug mit Eimerchen und Schäufelchen ersetzt hat. Heute finden hier Open-Air-Festivals mit weltberühmten DJs und mehr als

10 000 Besuchern statt, bei denen die Sicherheitskräfte rund um die Uhr alle Hände voll zu tun haben mit *crowd control* und dem Vorgehen gegen exzessiven Drogenmissbrauch. Beim Ausflugslokal *Parnassia*, das wir nach einer weiteren halben Stunde erreichen, ist von solch wilden Vergnügungen nicht viel zu merken. Hier sitzt man auf den Terrassen und hört nicht nur weniger Deutsch als an der restlichen niederländischen Küste, sondern so nah bei Haarlem auch das beste Niederländisch von allen Stränden unseres Heimatlandes. Von hier aus gelangen wir in einer guten Stunde zum Strand von IJmuiden mit seinen rauchenden Industrieschloten hinter den Dünen. Hier zerschneidet der aus Amsterdam kommende Nordseekanal die Dünenreihe, und der Wanderer muss irgendwie versuchen, über die neben- und hintereinanderliegenden Schleusen von IJmuiden den Weg nach Wijk aan Zee am anderen Ufer zu finden.

Trotz der unübersehbaren Nähe von viel Industrie ist Wijk aan Zee ein unverdorbener, dörflich wirkender kleiner Badeort, der sich wie so viele andere Küstenorte dem Tourismus verschrieben hat, seit er in der Konkurrenz mit den Fischern aus anderen Dörfern und Städten nicht mehr bestehen konnte. Genau wie in anderen Orten mussten auch hier, in der Nähe der strategisch bedeutenden IJmuidener Stahlindustrie, nach dem Krieg zahlreiche Betonsperren und Minenfelder geräumt werden.

Hinter Wijk aan Zee steht uns nun ein strammer Marsch von gut fünfzehn Kilometern bevor, an den Dünen des Noordhollands Duinreservaat entlang, des Nordholländischen Dünenschutzgebiets, bevor wir hinter dem stillen Castricum aan Zee die beiden beliebtesten Badeorte Nordhollands erreichen, Egmond und Bergen, die etwa eine Gehstunde voneinander entfernt liegen. Egmond, ursprünglich eine mittelalterliche Abteistadt, kann sich einer reichen Klostergeschichte rühmen. In einem der drei Dorfkerne, in Egmond aan den Hoef, fand im siebzehnten Jahrhundert der französische Philosoph René Descartes jahrelang eine Zufluchtsstätte. Bergen-Binnen ist mondäner und übte zudem, wie schon Domburg in Zeeland, eine besondere Anziehungskraft auf Maler, Schriftsteller und Dichter aus. Beim Wandern auf dem Strand spürt man allerdings nicht viel von diesen unterschiedlichen Charakteren. Nördlich von Bergen, vom landeinwärts gelegenen Schoorl bis nach Camperduin, bilden die Dünen einen breiten Gürtel, in dem man ungestört lange Spaziergänge machen kann. Bei Camperduin dagegen sind die Dünen völlig verschwunden, weshalb hier seit langem gegen die immer wieder feindliche Nordsee gekämpft werden muss. Seit 1880 liegt nördlich von Camperduin ein Binnendeich, der unter dem Namen Hondsbossche Zeewering bekannt ist und bei Petten in den Pettemer Zeewering, den Pettener Binnendeich, übergeht.

Von den zahlreichen Küstenorten, die im Zweiten Weltkrieg für den Bau des deutschen Atlantikwalls Opfer bringen mussten, traf es Petten sehr hart. 1943 wurde auf Anordnung der Deutschen Wehrmacht das ganze Dorf abgerissen, einschließlich der kleinen Kirche der Reformierten Gemeinde. Nach dem Krieg wurde das Dorf ein Stückchen weiter entfernt wieder aufgebaut, wobei sinnigerweise der frühere Friedhof inmitten des neuen Bezirks zu liegen kam. Noch heute ist diese Umgebung von Extremen gekennzeichnet: Einerseits öffnet sich Richtung Sint Maartenszee und Cal-

Der Nordseestrand beim Parnassia, *auf der Höhe von Haarlem.*

lantsoog – mit dem Naturschutzgebiet Zwanenwater – eine der schönsten Naturlandschaften der niederländischen Dünenküste, und andererseits schließt sich gleich hinter den Dünen in der Gemeinde Petten das Forschungsinstitut Energie Centrum Nederland an, erkennbar an der unheilverheißenden Kuppel seines Kernreaktors.

Die letzte Etappe unserer Strandwanderung nimmt noch etwa drei Stunden in Anspruch und beginnt bei Callantsoog, das manchem Badegast bekannt ist als der erste offizielle, 1973 eröffnete Nacktbadestrand. Über ruhige, schmale Strandzugänge wie Grote Keeten und Julianadorp aan Zee kommen wir an den Donkere Duinen, den Dunklen Dünen, vorbei nach Den Helder. Wir setzen unsere Wanderung auf der Strandpromenade der Marinestadt fort, die seit der Napoleonischen Zeit auch manchmal als »das Gibraltar des Nordens« bezeichnet wird. Während wir den Sand von unseren Wanderschuhen abklopfen, umrunden wir auf der Promenade das Nordkap von Den Helder mit dem knallroten Leuchtturm rechts (er hat den Spitznamen »Langer Jaap«), bis wir zu einem Hotel-Restaurant mit dem passenden Namen *Lands End* kommen.

Allein schon ab Hoek van Holland haben wir etwa 130 Kilometer zurückgelegt. Je nach Witterung, Sandbeschaffenheit, den Gezeiten – und nicht zu vergessen Ihrer bzw. meiner Kondition – haben wir für unsere fiktive Strandwanderung von Cadzand-Bad bis Den Helder eine gute Woche gebraucht. In dieser Zeit stieg die Strandlinie der Nordsee zweimal pro Etmal an und zog sich mit der kosmischen Gesetzmäßigkeit der Gezeiten wieder zurück. Wir haben ein Dutzend Leuchttürme gesehen und noch weitaus mehr Strandpavillons. Wir haben in luxuriösen Badehotels übernachtet oder in kleinen Privatpensionen, die mit dem Schild »Zimmer frei« im Fenster auch etwas vom Tourismuskuchen abhaben wollen. Aber jetzt haben wir es wirklich geschafft. Eine längere Strandwanderung kann man in den Niederlanden nicht machen. Auf der Terrasse vom *Lands End* spähen wir über das Wasser und blicken hier, mit hochgelegten müden Beinen, nicht mehr Richtung England, sondern nach Norden. Nicht ein imaginärer schmaler Streifen englischer Küste winkt hier von Übersee, sondern der Gedanke an die unermesslich breiten Strände der Watteninseln.

Kapitel 8 DER FRIESLAND-MARATHON

Baukunst, Literatur, Philosophie, Naturwissenschaft, Seefahrt, Kolonialismus … mannigfaltig sind die Gebiete, in denen gegen Ende des Mittelalters die klassische Antike in Europa zu neuem Leben erwachte. Der Beginn der Renaissance im sechzehnten Jahrhundert bedeutete eine bewusste Wiederaneignung der Stile, Themen und Denkformen der griechischen und römischen Antike, die während des Mittelalters weniger Beachtung gefunden hatten. Der im fünfzehnten Jahrhundert erfundene Buchdruck förderte die Verbreitung von Schriften und Ideen, die diesen vielfältigen kulturellen Ausdrucksformen und Manifestationen der Antike zu einer neuen Blütezeit verhalfen. Bis hierher nichts Neues für alle, die in der Schule ein bisschen aufgepasst haben. Seltsamerweise gibt es nur ein typisches Ereignis aus der Welt der Antike, das noch Jahrhunderte auf seine Wiedergeburt warten musste. Und das ist der Sport. Zwischen 1500 und der zweiten Hälfte des neunzehnten Jahrhunderts existierte in Europa nahezu kein organisierter Sport. Es gab zwar allerlei Formen des Zeitvertreibs wie Ritterturniere, Lustbarkeiten und Spiele, doch kaum den organisierten und reglementierten Wettkampf um physische Leistungen oder Geschicklichkeit, wie wir ihn heute kennen. Und das, obwohl die griechische wie auch die römische Gesellschaft ganz und gar vom Sport geprägt waren.

Die antiken Olympischen Spiele, wie sie seit 776 vor unserer Zeitrechnung alle vier Jahre abgehalten wurden, besaßen im alten Griechenland nahezu den Status einer Religion und bildeten sogar die Grundlage der griechischen Zeitrechnung. Sportausübung und sportliches Kräftemessen besaßen für die griechischen Schriftsteller und Dichter einen hohen Stellenwert, und die Namen der Sieger wurden in Heldengedichten und olympischen Oden unsterblich gemacht. Auch bei den Römern spielten öffentliche Sportveranstaltungen als Spektakel eine wichtige Rolle und boten zugleich den Politikern die Möglichkeit, das Volk ruhig zu stellen. *Panem et circenses,* Brot und Spiele, das sei alles, meinte der römische Schriftsteller Juvenalis, was das Volk brauche. Heute hieße es vermutlich stattdessen: »Chips, Bier und Sportschau.«

Das will übrigens nicht sagen, dass Sport für die Griechen und die Römer in etwa dasselbe bedeutet hätte. In einer interessanten Betrachtung stellte der Philosoph Peter Sloterdijk in der *Neuen Zürcher Zeitung* den griechischen und den römischen Sport einander sogar diametral gegenüber. Die Welt des griechischen Sports sei die Welt des Stadions mit glänzenden, überwiegend individuellen Leistungen, welche die Gewinner zu wahren Helden erhöben. Schimmernde, mit Öl eingeriebene Körper, die in stark ritualisierten sportlichen Leistungen in den Disziplinen Laufen, Diskuswerfen, Boxen, Bogenschießen, Ringen und Speerwerfen brillierten. Davon, so Sloterdijk, sei der Sport bei den Römern zu unterscheiden, der sich vor allem in der Arena abspielte. Turnierartige Großveranstaltungen mit Wagenrennen, Ringkämpfen und wilden Tieren, bei denen ein Zehntausende Köpfe zählendes Publikum sich nicht zufrieden gab, bis Blut floss und der überlebende Sportkrieger von den Massen als Sieger bejubelt werden konnte. Wenn man sich einmal auf diese schematische Einteilung einlässt, sieht man sofort, welche unserer heutigen Sportarten in welche Kategorie gehören: Tennis, Golf, Leichtathletik, Skifahren und Radrennen sind griechischen, während Fußball, Pferderennen, Rugby, Hockey und Formel-1-Rennen römischen Ursprungs sind.

Das ist eine klare und gut anwendbare Einteilung, unter die sich jede denkbare Sportart sofort subsumieren lässt, aber natürlich bleiben trotzdem Zweifelsfälle, und die sind wie immer die interessantesten. Der schönste Grenzfall in der Welt des niederländischen Sports ist für mich der »Elfstedentocht«, ein Schlittschuhwettlauf über etwa 200 Kilometer Länge, bei dem alle elf Städte der Provinz Friesland (bzw. Fryslân, wie der Name der Provinz im Friesischen lautet) besucht werden müssen. Wer nicht in Friesland wohnt, kann höchstens drei oder vier dieser Städte ohne Nachschlagen nennen, aber für die Friesen sind die Namen der elf Gemeinden ein unvergesslicher Abzählreim, ein patriotisches Mantra. Denn neben ihrer eigenen Sprache Friesisch und der in ihr verfassten Literatur gibt es, glaube ich, nichts, was den ureigenen Charakter der Friesen innerhalb des Großen und Ganzen der niederländischen Identität so wiedergibt, wie dieser Elf-Städte-Lauf. Startplatz ist die Provinzhauptstadt Leeuwarden; danach müssen die Teilnehmer des »Frieslandmarathons« der Reihe nach Sneek, IJlst, Sloten, Stavoren, Hindeloopen, Workum, Bolsward, Harlingen,

Franeker und Dokkum auf ihrer Route über das zugefrorene Wasser aufsuchen, bevor sie wieder am Ausgangspunkt eintreffen. Das heißt, falls sie es bis hierher zurück schaffen, denn sieht man sich die Zahlen der seit 1909 ausgetragenen offiziellen Elf-Städte-Läufe an, so haben in diversen Jahren mehr Läufer das Ziel *nicht* erreicht als doch. So hart, so aufzehrend und so widrig kann dieser eiskalte »Lauf der Läufe« sein.

Der griechische Aspekt des Elf-Städte-Laufs liegt in der individuellen Leistung, die jeder Teilnehmer erbringen muss, in der Kraft und Schönheit dieser Leistung, in den strikt eingehaltenen Wettkampfregeln und in dem landesweiten persönlichen Ruhm, den der Sieger für sich verbucht, ein Ruhm, der noch viele Jahre anhält. Aber gleichzeitig ist es auch ein römisches Spektakel, an dem nicht nur geübte Profisportler, sondern auch Zehntausende von Amateuren teilnehmen und dem eine noch viel größere Zahl von Zuschauern beiwohnen möchte. Es ist ein Spektakel, zu dem Mitglieder des Königshauses und der Premierminister anreisen, bei dem Läufer mit allen Anzeichen von Erfrierungen und Verletzungen verbissen über die Ziellinie stolpern wollen und bei dem das Ergebnis des Wettlaufs nicht nur stürmisch gefeiert und mit viel Alkohol begossen wird, sondern auch zu gewaltigen Streitereien führen kann. Kurzum: Ist dieser Wettlauf nun im Prinzip griechisch, aber von einer römischen Volksmenge umgeben, oder ist er ein römisches Massenspektakel, aus dem ein griechischer Held hervorgeht? Das hängt ganz vom Standpunkt ab. Auf jeden Fall ist dieser Lauf von allen niederländischen sportlichen Wettkämpfen, die auf dem Wasser oder im Wasser ausgetragen werden (Rudern, Segeln, Schwimmen, Tauchen, Wasserpolo, ganz zu schweigen von merkwürdigen Varianten wie Unterwasserhockey), der typischste und legendärste, wie es die Geschichte der bisher ausgetragenen fünfzehn Läufe beweist.

Die frühe Schlittschuhgeschichte hat mit Sport wenig gemein. Schon viele Jahrhunderte bevor sich im Spätmittelalter moderne Schlittschuhe durchsetzten, also die unter einem Holzstück befestigten Eisenkufen, lief man schon auf Tierknochen, wobei man sich vermutlich mit zugespitzten Stöcken ähnlich wie mit Skistöcken extra Schwung gab. In den wasserreichen Niederlanden, vor allem in den heutigen Provinzen Holland und Friesland, war das in strengen Wintern die weitaus schnellste Fortbewegungsart. Es gibt einige Hinweise auf Schlittschuhwettläufe im Spätmittelalter, beispielsweise den Bericht von einer Eislaufpartie auf dem Brüsseler Hofvijver im Jahre 1466. Václav Šašek, der Schildknappe des Prager Gesandten, schrieb in einem in Latein überlieferten Bericht über einen Wettkampf am Hofe Philipps des Guten: »Ihr Tempo beim Fahren und Drehen war so groß, dass nicht einmal ein Pferd mithalten konnte.« Šašeks Pferdevergleich illustriert noch einmal, dass bis zum Bau der Eisenbahnstrecken Pferd und Schlittschuh bei weitem das schnellste Fortbewegungsmittel in den Niederlanden waren. Es ist bekannt, dass die Spanier im Achtzigjährigen Krieg große Schwierigkeiten hatten, die mit Proviant beladenen oder mit militärischen Nachrichten versehenen holländischen Schlittschuhkuriere zu fassen, weil diese einfach zu schnell fuhren und ihren Feinden immer wieder entwischten.

Im sechzehnten und siebzehnten Jahrhundert wurde das

Schlittschuhlaufen zum Anlass für Kirmes auf dem Eis, Eisvergnügen und andere Volksfeste, wie sie auf zahlreichen Winterlandschaften holländischer Maler zu sehen sind und in Theaterstücken und Gedichten beschrieben wurden. Echte Sportausübung konnte man das freilich noch nicht nennen. Gastwirte schrieben informelle Kurzstreckenläufe aus. Dem Sieger winkten Geldbeträge oder ein Teller Essen (in den Niederlanden entstand daraus die Redewendung »für Speck und Bohnen mitmachen«), doch eigentlich lag die Funktion des Laufs eher darin, mehr Kunden in die betreffende Herberge zu locken, als das Niveau der lokalen sportlichen Leistungen zu heben. Wohl fand das Schlittschuhlaufen im achtzehnten Jahrhundert auch bei den gehobenen Ständen immer mehr Anhänger. In Den Haag flanierte man auf Schlittschuhen, und auch in Deutschland wurde das Schlittschuhlaufen von Schriftstellern wie Klopstock und Goethe propagiert. Offenbar konnten sich die verschiedenen Stände auf dem Eis viel besser treffen als an Land.

In seinen *Lettres sur la Hollande (Briefe über den gegenwärtigen Zustand von Holland)* von 1778 spricht Carlo Antonio Pilati di Tassullo seine Verwunderung darüber aus, dass die Holländer, die das ganze Jahr über so schlapp und unbeweglich wirken, nach dem ersten Frost mit einem Schlag lebendig zu werden scheinen und große Aktivität an den Tag legen. Sobald es Eis gibt, schreibt Pilati, sehe man die Leute, die an den schönsten Sommertagen kaum in Bewegung kommen, auf den Grachten laufen, springen, ja sogar tanzen. Nicht ohne Grund wird das Schlittschuhlaufen manchmal »die einzig wahre Volkskultur der Niederlande«

genannt. Dem Soziologen Maarten van Bottenburg zufolge ist Schlittschuhlaufen »die einzige altniederländische Kurzweil, die sich zu einem massenhaft ausgeübten Wettkampfsport entwickelt hat«. Jedenfalls ist das Schlittschuhlaufen der ultimative Sieg der Niederländer über ihren Volksfeind Nummer eins: das Wasser.

Auch wenn der Schlittschuh im Winter in Friesland ein ganz normales Fortbewegungsmittel von einer Stadt zur anderen war, kam ein sportliches Element hinzu, als nämlich Läufer versuchten, an einem einzigen Tag alle elf friesischen Städte zu besuchen. Erst im strengen Winter von 1890 auf 1891 gelang dem gebürtigen friesischen Sportfanatiker Pim Mulier ein dokumentierter Lauf zu diesen elf Städten. In jeder besuchten Stadt erbat er sich von einem Einwohner eine Unterschrift, damit er bei der Rückkehr beweisen konnte, dass er innerhalb von 12 Stunden und 55 Minuten tatsächlich die gesamte Strecke zurückgelegt hatte. Damit gab er den Anstoß zur Vorbereitung des ersten offiziellen »Elfstedentocht«, der dann am 2. Januar 1909 durchgeführt wurde.

Muliers Art der Dokumentation lebt in den Reglements des heutigen Elf-Städte-Laufs fort: Alle Läufer bekommen eine Karte, die sie in allen elf Stationen und an drei geheimen Kontrollposten stempeln lassen müssen. Nur die voll ausgefüllte Stempelkarte und die rechtzeitige Rückkehr nach Leeuwarden, das heißt spätestens um 0.00 Uhr, bringt dem Läufer das heiß begehrte »Elfstedenkruisje«, eine nach dem Entwurf von Pim Mulier hergestellte Erinnerungsmedaille in Form eines Malteserkreuzes. Aber die große Masse der Amateure – 1997 waren es mehr als 16 000 –, die alle zusammen für das römische Element des Elf-Städte-Laufs stehen, müssen in der Geschichtsschreibung gegenüber den professionellen Läufern den Kürzeren ziehen. Diese höchstens ein paar Hundert verkörpern das griechische Element dieser urniederländischen Sportveranstaltung. Deshalb kann man die Liste der Sieger der von 1909 bis heute durchgeführten, offiziellen fünfzehn Elf-Städte-Läufe auch in einem Atemzug mit den Namen der Grafen von Holland nennen, der Prinzen von Oranien oder der Seehelden der Republik der Vereinigten Niederlande.

Die Vorbereitungen zum ersten Elf-Städte-Lauf im Jahre 1909 kann man nicht losgelöst vom Vereinssportleben betrachten, das seit einigen Jahrzehnten auch die Niederlande beherrschte. Derselbe Pim Mulier gab, sicher auch dank der Erfahrungen aus seinem Studium in England, die Anregung zum organisierten Fußball, zu Hockey, Leichtathletik und Tennis in den Niederlanden. Die Wiederbelebung der Olympischen Idee 1896 in Athen, mit der die Renaissance der antiken Sportwettbewerbe Gestalt annahm, gab dem Sport eine stark nationalistische Note. Bereits bei der ersten Schlittschuh-Weltmeisterschaft, die am 13. und 14. Januar 1893 unter der Schirmherrschaft der 1892 gegründeten Internationalen Eislaufvereinigung auf dem Amsterdamer IJsclubterrein, dem Gelände des Amsterdamer Eislaufvereins (zwischen Rijksmuseum und Concertgebouw), ausgetragen wurde, war neben der Bahn ein Orchester aufgestellt. Nachdem der legendäre niederländische Eisschnellläufer Jaap Eden drei der vier Distanzen gewonnen hatte (nacheinander die 1500-, die 5000- und die 500-m-Distanz) und sich damit als Erster offizieller Weltmeister nennen durfte, wurde zunächst ein Glückwunschtelegramm Ihrer Majestät

Königin Wilhelmina verlesen; anschließend wurden die Nationalhymnen aller an den Wettkämpfen beteiligten Nationen gespielt. Dieser Nationalismus, der seither dem Sport und vor allem dem internationalen Fußball eine fast kriegerische Note gibt, fehlt wohltuenderweise beim friesischen Elf-Städte-Lauf. Ausschlaggebend ist die simple Tatsache, dass dort so gut wie kein Ausländer mitläuft. Die Friesen hegen höchstens als größten Wunsch, ein Friese möge als Sieger über die Ziellinie fahren; was übrigens am häufigsten der Fall ist.

Bei dem Gewinn des Elf-Städte-Laufs ging es auch nie um große Geldbeträge. Der berühmteste Sieger aller Zeiten, Reinier Paping aus Dedemsvaart, der nach einem sehr schwierigen Lauf 1963 als Erster einlief, bekam nach dem Sieg von einem Unbekannten einen Zehnguldenschein zugesteckt. Weitere 500 Gulden verdiente er mit der Reklame für Brinta-Brei, und er bekam ein Feuerzeug und einen Haarföhn. Für solche Prämien reisen Ausländer nicht nach Friesland. Überhaupt lässt sich der Elf-Städte-Lauf grundsätzlich nicht planen. Zwischen 1909 und 1997 wurde er fünfzehnmal ausgetragen, das heißt im Schnitt alle sechs Jahre, aber nach Reinier Papings Sieg 1963 dauerte es zwölf Jahre, bis 1985 der Wettlauf zum nächsten Mal ausgetragen werden konnte. Alles hängt vom Zustand des Eises ab. Häufig kann erst wenige Tage vorher mit Sicherheit gesagt werden, dass dieser friesische Marathon tatsächlich gelaufen werden kann. »It giet oan!« (Es geht los!), heißt dann der erlösende Satz.

Die intensivste Periode in der Geschichte des Elf-Städte-Laufs waren die vierziger Jahre, als der Wettkampf viermal ausgetragen wurde: 1940, 1941, 1942 und 1947. Zwei Läufe,

1941 und 1942, fanden während der deutschen Okkupation statt, aber davon abgesehen wurden sie bei strahlendem, sonnigem Winterwetter ausgetragen. Der höchste deutsche Funktionär der besetzten Provinz Friesland, der »Beauftragte« Werner Ross, zeigte am 22. Januar 1942 großes Interesse an dem Ereignis. Zudem ging dieser Lauf auch negativ in die Geschichtsschreibung ein, weil sich drei Teilnehmer dabei die Zehen erfroren und eine Tetanusinfektion bekamen, an der sie schließlich starben. Der Lauf von 1947 ist als einer der chaotischsten bekannt. Er fand bei bitterkaltem Frost und schlechtem Eis statt; außerdem wurden die ersten vier ins Ziel eingefahrenen Teilnehmer disqualifiziert, weil sie es mit den Wettkampfregeln nicht so genau genommen hatten. Am Ende wurde die Nummer fünf zum Sieger ausgerufen.

Zweifellos der berühmteste Lauf der vierziger Jahre fand am Dienstag, dem 30. Januar 1940 statt. In einer Zeit, in der ein Rind 135 Gulden kostete, gelang es dem 1918 geborenen Bauernsohn Piet Keijzer aus dem südholländischen De Lier, 42 Gulden zusammenzusparen, um sich an seinem zwanzigsten Geburtstag ein paar »Noren«, Schnelllauf-Schlittschuhe, zu kaufen, mit denen er an dem berühmten Lauf teilnehmen wollte. Mit einem Freund trainierte er wie ein Wahnsinniger lange Strecken. Im Winter 1939/1940 war es dann so weit. Zuerst sollte der Wettkampf am 21. Dezember stattfinden, doch es fiel zu viel Schnee. Dank einer persönlichen Spende Königin Wilhelminas konnte die Strecke eine Woche später doch noch ausreichend freigeschaufelt werden. Nun setzte plötzlich Tauwetter ein. Schließlich konnte der Lauf für Dienstag, den 30. Januar angesetzt werden. Am Vortag hatte Keijzer noch in Naaldwijk einen Schlittschuhwettlauf für sich entscheiden können, danach reiste er über Alkmaar mit dem Bus über den Abschlussdeich nach Leeuwarden. Er nahm in einem kleinen Hotel gegenüber dem Bahnhof Quartier und schliff vor dem Zubettgehen noch eigenhändig seine Schlittschuhe. Nach einer kurzen Nacht erschien er in der Dunkelheit des frühen Morgens am Start.

Dieser sechste Elf-Städte-Lauf muss die Hölle gewesen sein. Von insgesamt 688 Teilnehmern gelang es nur 93, die Ziellinie zu erreichen; von den 2716 gestarteten Amateuren kamen nur 27 ins Ziel, darunter eine Frau. Es herrschte sehr strenger Frost. Bei heftigem Ostwind brach im Lauf des Nachmittags ein Schneetreiben los, das den nördlichen Teil der Strecke völlig unpassierbar machte. An anderen Stellen hatten sich Eisschollen so übereinandergeschoben, dass die Schlittschuhläufer ständig ausweichen mussten. Man setzte sogar Autobusse ein, um an verschiedenen Stellen die von der Route abgekommenen und beinahe erfrorenen Schlittschuhläufer von der Eisfläche zu evakuieren, die sich in die reinste Polarlandschaft verwandelt hatte.

Doch der Lauf von 1940 ging nicht wegen dieser rauen Bedingungen in die niederländischen Geschichtsbücher ein, sondern wegen der außergewöhnlichen Konfusion beim Einlaufen ins Ziel. Beim Stempelbüro in einer Kneipe in Dokkum, etwa 25 Kilometer vor dem Finish, wo die fünf Läufer der Spitzengruppe, die sich inzwischen gebildet hatte, eine kurze Pinkelpause einlegten, schlug Cor Jongert vor, zu fünft gleichzeitig über die Ziellinie zu fahren. Nach kurzer Diskussion erklärten sich alle fünf Läufer »mit Handschlag« einverstanden, ein Bündnis, das als der Pakt von Dokkum in die Geschichte des Eislaufs einging. Als jedoch die fünf

Läufer nach dem letzten strapaziösen Streckenabschnitt in Leeuwarden eintrafen, sprintete Auke Adema entgegen der Vereinbarung los. Piet Keijzer konnte ihn gerade noch einholen, während Cor Jongert als Erster den letzten Stempel in seine Karte bekam. Am Ziel herrschte die totale Verwirrung, allein schon, weil eine tausendköpfige Menge vor Begeisterung aufs Eis stürmte, das daraufhin zu brechen drohte. Aus dem Bericht in der *Leeuwarder Courant* (»Heroischer Kampf gegen Schnee, Eis und starken Wind«) am nächsten Tag geht hervor, dass die Polizei die Menge sogar »mit Gummiknüppeln« vom Eis treiben musste. In der Wohnung des Kommissars der Königin stand inzwischen Prinz Bernhard bereit, um dem Gewinner zu gratulieren. Als Erster wurde der Friese Auke Adema geehrt, aber dagegen hagelte es gleich Proteste, und nach stundenlanger Beratung des Vorstands der Elfstedenvereniging gaben schließlich Filmaufnahmen den Ausschlag: Der Fahrer mit der Nummer 308 hatte als Erster die Ziellinie überfahren. Es war der 21-jährige Keijzer, der damit der jüngste Sieger in der Geschichte des Elf-Städte-Laufs wurde. Prinz Bernhard war inzwischen längst mit dem Zug nach Den Haag zurückgefahren.

Bis zu seinem Tod am 21. Juli 2008 hat die Sache mit dem Pakt von Dokkum Keijzer geärgert, wie man in Interviews mit ihm nachlesen kann. Obwohl er 1946 doch noch niederländischer Landesmeister in den vier klassischen Eislaufstrecken (über 500, 1500, 5000 und 10 000 Meter) wurde, bekam er nie mehr die Gelegenheit, sich bei einem Elf-Städte-Lauf mit einem makellosen Sieg zu beweisen. 1947 konnte er, nach eigener Aussage, weder an der Weltmeisterschaft in

Der Elf-Städte-Lauf-Gewinner und Eislaufsieger Piet Keijzer (1918–2008) wird 1940 an seinem Wohnort De Lier geehrt.

Davos noch am Elf-Städte-Lauf teilnehmen, weil er nach dem Tod seines Vaters den Hof übernehmen musste. Deshalb wurde die Redewendung »Pakt von Dokkum« den ein wenig unheilvollen Beiklang nicht los: Einerseits stand er für kameradschaftliche Verbundenheit auf der Grundlage eines gemeinsamen Treueschwurs, andererseits für Verrat, gebrochenes Vertrauen und Chaos. Heroik und Ruhm im Sport lassen sich nicht vorher verteilen, das erkannte auch die Elfstedenvereniging und passte das Regelwerk an. Als dann 1956 fünf Läufer auf Grund eines bei Vrouwbuursterveen geschlossenen Bündnisses abermals gemeinsam – und diesmal sehr diszipliniert – über die Ziellinie fuhren, wurden alle fünf ohne Pardon disqualifiziert und in diesem Jahr kein Sieger gekürt.

Der Letzte der fünfzehn seit 1909 ausgetragenen Elf-Städte-Läufe kam 1997 zustande. Jüngste Meldungen über den weltweiten Klimawandel, speziell in Nordwesteuropa, deuten darauf hin, dass im kommenden Jahrhundert ein Anstieg der Durchschnittstemperatur um einige Celsiusgrade durchaus im Bereich des Möglichen liegt. Das heißt zwar nicht unbedingt, dass die Elf-Städte-Läufe unmittelbar gefährdet wären, aber es bedeutet vermutlich, dass zwischen den Läufen größere Zeitspannen liegen werden. Vielleicht kommt aber auch wieder einmal eine Eiszeit, die eine Wiederbelebung von Pim Muliers Idealen mit sich bringt. Schließlich wurden auch die Olympischen Spiele im Jahr 393 vom oströmischen Kaiser Theodosius I. dem Großen verboten und erst 1500 Jahre später von Pierre de Coubertin mit Glanz und Gloria wieder eingeführt.

Kapitel 9 LINKSHERUM ODER RECHTSHERUM?

Im Arbeitszimmer meines englischen Großvaters stand ein Spinnrad. Ich habe das Ding nie in Betrieb gesehen, vielleicht war es auch längst nicht mehr so gut in Schuss, dass man damit hätte Garn spinnen können. Mein Großvater stellte das altertümliche Gerät vermutlich auf, weil es für ihn in seiner einfachen Wirkung ein schönes Beispiel früher effizienter Technik darstellte. Als pensionierter Ingenieur der Shell-Forschungslabore, der davor als Maschinenbauer und Erfinder zunächst bei einer Hebekranfabrik und dann in der Kunstseidenindustrie tätig gewesen war, hatte er in seinem Leben mit einer Unzahl modernerer Techniken und Geräte zu tun gehabt. Dennoch pflegte er offenbar eine nostalgische, womöglich gar ästhetische Zuneigung zu diesem altertümlichen Spinnrad, das heute zum Museumsstück mutiert ist, von denen aber in Westeuropa bis zum ausgehenden achtzehnten Jahrhundert Abertausende geschnurrt haben müssen.

Die Vorstellung, dass Werkzeuge, wenn sie einmal wegen des technischen Fortschritts von neueren, moderneren Maschinen überholt werden, einen kulturellen Wert verkörpern und man sie nicht ohne Weiteres zum Müll stellen kann, ist ziemlich jung. Jahrhundertelang wurde das Veraltete, das durch etwas Besseres, Schnelleres ersetzt worden war, einfach beiseitegestellt oder seinem Schicksal überlassen. Das brachte verfallene Werkstätten mit sich, Scheunen voller alter landwirtschaftlicher Gerätschaften, Senkgruben, angefüllt mit Haushaltsgegenständen, die erst viel später das Interesse von Archäologen und Historikern weckten. Warum sollte man einen Fackelhalter an der Wand lassen, wenn man eine nagelneue Gaslaterne erworben hat? Und warum die Gaslaterne in Ehren halten, wenn man die Wohnung elektrisch beleuchten kann?

Vor allem in der Romantik wurde das angeblich reine, unverdorbene, pastorale Landleben idealisiert, aber für die Schriftsteller und Maler des achtzehnten und der ersten Hälfte des neunzehnten Jahrhunderts verband sich damit doch überwiegend eine Flucht aus der Alltagsrealität in die Phantasie oder in historische oder mythologische Vorstellungen. Erst in der zweiten Hälfte des neunzehnten Jahrhunderts, als Eisenbahnen und Fabriken die Umwelt der urbanisierten westeuropäischen Gesellschaften zu dominieren begannen, bekamen Schriftsteller und bildende Künstler einen Blick für die suggestive Schönheit der neuesten Technik: Claude Monet, der im Gare Saint-Lazare die schnaufenden Dampflokomotiven malte, als wären es mythische Monster, oder Emile Zola, der in seinem Roman *Germinal* die menschenunwürdige Welt des nordfranzösischen Bergbaus beschrieb, als handle es sich dabei um eine Danteske Hölle. So fand ein ganzer Komplex neuer technischer Erfindungen Eingang in die Welt der Kunst, wodurch die moderne Technik einerseits ästhetisiert und andererseits dramatisiert wurde.

Aber dass sich Künstler von der Welt der Technik inspirieren lassen, will noch nicht heißen, dass sich die Welt insgesamt der Überbleibsel überholter Technik erbarmte. Die Idee, dass man einen schönen alten Bahnhof nicht abreißt, sondern restauriert, um ihn zu erhalten und einer anderen Nutzung zuzuführen, ist erst wenige Jahrzehnte alt. Die Transformation des Pariser Bahnhofs Gare d'Orsay in das Museum Musée d'Orsay in den 1980er Jahren war damals eine revolutionäre Tat. Ähnlich baute man später in London ein altes Elektrizitätswerk zum Museum um (The Tate Modern) und in Karlsruhe eine Munitionsfabrik zu einem Zentrum für Kunst und Medientechnologie. In Amsterdam wurden eine Kavalleriekaserne in einen Atelierkomplex der Rijksakademie van Beeldende Kunsten (Staatliche Hochschule für Bildende Kunst) und eine Gasfabrik in einen Kulturpark, das Westergasterrein, umgewandelt. Am Anfang solcher aufsehenerregender Umwandlungen von nicht mehr benötigten Einrichtungen in neue kulturelle Anlagen steht eine einzige, simple Entscheidung: Gebäude, die ihre ursprüngliche Funktion nicht mehr erfüllen können oder müssen, nicht abzureißen, sie nicht verfallen zu lassen, sondern in Ehren zu halten und nötigenfalls zu restaurieren. Das kostet Geld – Geld, das dann nicht für blinden Fortschritt oder Neubauten ausgegeben werden kann.

In die Niederlande kommen alljährlich Millionen ausländischer Touristen, um die Mühlen zu bestaunen, die als einzigartiges, typisches Element unserer platten Landschaft gelten. Allein schon die neunzehn Mühlen bei Kinderdijk, einem Dorf in der Provinz Zuidholland, die seit ihrem Bau 1738–1740 alle zusammen das Wasser aus den Poldern des Alblasserwaard zu dem ungefähr drei Meter höher liegenden Fluss Lek schaffen müssen, sind in der Sommersaison absoluter Pflichtbesuch für Busse voller Deutscher, Japaner und Amerikaner. Die berühmten Mühlen von Kinderdijk, die seit 1997 auf der Weltkulturerbeliste der Unesco stehen, funktionieren immer noch, obwohl man sie eigentlich schon lange nicht mehr braucht. Ihre Funktion, das Wasser hinaufzupumpen, kann heute problemlos von zwei oder drei elektrischen Pumpstationen übernommen werden. Das kulturhistorische Argument, noch verstärkt durch kommerziell-touristische Überlegungen, reichte Behörden und Privatleuten, um die Ausgaben für die Erhaltung, die Wartung und den Betrieb der Mühlen zu rechtfertigen. Doch auch hier gilt, dass diese Erkenntnis ziemlich jungen Datums ist. Für die übergroße Mehrzahl der Mühlen, die bis zum frühen zwanzigsten Jahrhundert in den Niederlanden in Betrieb waren, kam sie zu spät.

Vor hundert Jahren gab es mehr als zehntausend Mühlen in den Niederlanden, darunter Pumpmühlen, Kornmühlen, Ölmühlen oder Papiermühlen. Von diesen vielen Mühlen sind heute nur noch etwa 1200 übrig, um genau zu sein: 1048 Windmühlen und 108 Wassermühlen. Die meisten Windmühlen stehen im Westen der Niederlande, wo sie vor allem im siebzehnten Jahrhundert zusammen mit den vielen Tausenden verschwundenen Exemplaren eine entscheidende Rolle bei der Trockenlegung der nord- und südholländischen Seen und Binnenmeere erfüllten. Es ist nicht übertrieben zu behaupten, dass das niederländische »goldene« Zeitalter seinen wirtschaftlichen Wohlstand überwiegend zwei Hilfsmitteln aus Holz verdankt, dem Segelschiff und der Windmühle. Mit dem ersten wurde Handel getrieben,

Die Poldermühlen bei Kinderdijk am Rande des Alblasserwaard-Polders

wurden die Weltmeere befahren, die Kolonien leer geräumt, Handelskriege ausgefochten und Silberschätze erbeutet, mit dem zweiten wurde das Land trocken gehalten, erheblich erweitert und vor dem bedrohlichen Wasser geschützt.

Es fällt nicht leicht, sich vorzustellen, wie die holländische Landschaft ausgesehen haben muss, als sie noch von vielen Tausenden Poldermühlen bedeckt war. Die Künstler der holländischen Malerschule des siebzehnten Jahrhunderts, die mit ihren Stadtansichten, Schützenbildern und Porträts der niederländischen Malerei Weltruhm verschafften, legten bemerkenswerterweise auffallend wenig Interesse für die Mühle als Teil der Landschaft an den Tag. Von den großen Meistern malten nur Jan van Goyen und Jacob van Ruisdael markante Mühlenbilder, während Rembrandt – immerhin ein Müllersohn – der Mühle nur in seinen Zeichnungen und Radierungen ein klein wenig seine Reverenz erweist. Alle anderen großen niederländischen Maler dieser Zeit wie Frans Hals, Johannes Vermeer und Jan Steen ließen das Thema völlig links liegen. Mühlen galten offenbar als nicht interessant, vor allem nicht für die Abnehmer und Auftraggeber von Gemälden. Die wollten sich lieber selbst verewigt sehen, eine Stadtansicht oder Flusslandschaft kaufen oder sich an einer biblischen, häuslichen oder mythologischen Szene, eventuell gar einer Phantasielandschaft ergötzen. Eine Mühle am Rand eines neu angelegten Polders galt im siebzehnten Jahrhundert vermutlich als plumpes, hässliches Ding, das eine rein technische Funktion erfüllte, vielleicht dem vergleichbar, was wir heute beim Anblick einer Windturbine oder eines Getreidesilos empfinden.

Wenn sogar unsere größten Künstler so wenig Sinn für die künstlerischen und malerischen Qualitäten von Mühlen in der Landschaft, auf Stadtwällen und Festungsmauern hatten, darf es nicht verwundern, dass Windmühlen bei der Einführung der Dampfkraft, später des Diesel- und schließlich des Elektromotors – allesamt viel stärkere Maschinen als die Windmühle – in wenigen Jahrzehnten ohne Pardon oder Mitleid gleich zu Tausenden abgerissen oder dem Verfall überlassen wurden. Erst 1923 wurde ein privater Verein namens »De Hollandsche Molen« (Die holländische Mühle) gegründet, der sich für den Erhalt der noch verbliebenen Mühlen in den Niederlanden einsetzte. Anfangs argumentierte man dafür noch wirtschaftlich – Mühlen könnten noch immer Geld einbringen –, aber nach dem Zweiten Weltkrieg setzten sich vor allem kulturhistorische und allmählich auch kulturtouristische Argumente erfolgreich durch. Obwohl circa 90 Prozent aller noch existierenden niederländischen Mühlen als »Rijksmonument« unter Denkmalschutz stehen, ist der größte Teil des Mühlenbestands noch in privater Hand oder im Besitz von Kulturstiftungen, die auch die Verantwortung für den Erhalt tragen.

Zu dieser Verantwortung gehört mehr als der jährliche frische Anstrich und in regelmäßigen Abständen ein neues Dach. Im Wartungsaufwand lässt sich eine Mühle am besten mit einem Oldtimer vergleichen. Sie muss nicht nur von außen in perfektem Zustand erhalten werden, auch die Mechanik muss regelmäßig laufen, damit sie weiterhin gut funktioniert. Eine Mühle, die immer stillsteht, nutzt sich viel schneller ab als eine Mühle, deren Flügel sich regelmäßig drehen. Verschleiß oder Fehlfunktionen können bei Letzterem in einem viel früheren Stadium bemerkt und behoben werden. Teile müssen durch identische Teile ersetzt werden, die man nicht in jedem Laden kaufen kann. Bei Sturm und Gewitter muss jemand präventive Maßnahmen ergreifen, um eine Beschädigung der Mühle zu verhindern. Eine Mühle braucht also nicht nur einen Besitzer, sondern auch einen Bewohner, und vor allem einen Müller.

Damit es in den Niederlanden ausreichend qualifizierte Müller gibt, die diese verbliebenen Mühlen funktionsfähig erhalten können, wurde eine Ausbildung zum ehrenamtlichen Müller ins Leben gerufen. Wer sich die Ausbildungsordnung durchliest, dem wird klar, dass der Vergleich mit einem Oldtimer den Anforderungen noch nicht gerecht wird. Man sollte eher an einen Pilotenschein für historische Flugzeuge denken. Nach seiner zweijährigen Ausbildung kennt der Hobbymüller nicht nur die kulturhistorische Entwicklung der niederländischen Mühlen, die bekanntesten Mühlenfunktionen und die verschiedenen Antriebsmethoden. Selbstredend kann er die Mühle auch bedienen, sie instand halten und sowohl ihre eigene als auch die Sicherheit der näheren Umgebung gewährleisten. Zudem muss er mehr als durchschnittliche Kenntnisse der wichtigsten Eigenschaften von Winden aus den acht Hauptwindrichtungen besitzen und die Bedeutung sowie die Auswirkungen von diversen Wolkenformationen, von Tiefdruckgebieten und Wetterfronten kennen. Ihm müssen alle Schmierpunkte der Mühle bekannt sein, und er muss wissen, welches Schmiermittel wann auf welchen Schmierpunkt aufgetragen wird. Er muss genügend Kenntnisse aller Materialien besitzen, die beim Mühlenbau zum Einsatz kamen, und wissen, wie man diese konserviert. Und das sind nur die Anforderungen aus den ersten drei von insgesamt siebzehn Seiten der Prüfungsanforderungen. Der Müller muss beispielsweise auch die regionalen Bräuche bei freudigen und traurigen Anlässen kennen, damit er die Flügel in die jeweils korrekte Stellung bringen kann, die Ortsansässige von »ihrer« Mühle erwarten.

Allein schon die Müllersprache erfordert ein eigenes Studium. Man muss lernen, warum ein Bunkler einem Tafelement vorzuziehen ist; dass die Kämme nicht zu tief oder womöglich zu kurz im Werk stehen; was der Unterschied zwischen einer Hausrute und einer Feldrute ist und wann eine Rute unwuchtig ist; mit welchen Maßnahmen das Segelschlagen beseitigt werden kann; was die Funktion einer Sperrklinke und eines Knüppels ist, was der Schlipp, die Winde und das Krabbelwerk ist; wie sich eine Mühle für den

Prinzen in Stellung drehen lässt* und so weiter – seitenweise. Das alles muss sich der künftige Freizeitmüller innerhalb von zwei Jahren ins Hirn pauken und mühelos in die Praxis umsetzen können, will er sich nach einer zweifachen Examinierung diplomierter »ehrenamtlicher Müller« nennen. Seit 1972 bietet die Gilde der ehrenamtlichen Müller, »Gilde van Vrijwillige Molenaars«, ihre Ausbildungen an. Bis heute haben knapp 1500 Personen die Prüfung bestanden.

Die Müllerprüfung habe ich zwar nie abgelegt, aber von den 1048 in den Niederlanden noch vorhandenen Windmühlen habe ich im Lauf der Jahre zwei wie meine Westentasche kennengelernt. In der einen habe ich jahrelang gearbeitet und in der anderen mehrfach übernachtet. Die erste ist der 29 Meter hohe »Galerieholländer« *De Valk* in Leiden und stammt aus dem Jahr 1743. In den siebziger Jahren, als ich an der Universität Leiden studierte, hatte ich mir über ein Zeitarbeitsunternehmen einen Wochenendjob als Aufseher in dieser imposanten Mühle gesichert, die 1964 nach dem Tod des letzten Müllers in ein städtisches Museum umgewandelt worden war. Der letzte Müller, der die Mühle bis zu seinem 87. Lebensjahr bewohnte, hieß Willem van Rhijn. Sein Nachname brachte ihn auf den nicht unlogischen, doch leider nicht belegbaren Gedanken, er könne von Rembrandt

* Als die Stadt Leiden bei der Belagerung fast ausgehungert war und kein Korn zum Mahlen mehr hatte, befürchtete man, dass die Spanier aus den stillen Mühlen schließen könnten, die Stadt sei am Ende und könne eingenommen werden. Deshalb ließ man die Mühlen ohne Mahlstein frei laufen, bis Wilhelm von Oranien aus England käme, um die Stadt zu befreien bzw. die Spanier zu vertreiben. Das nannte man »die Mühlen für den Prinzen drehen lassen«. (Anm.d.Ü.)

van Rijn abstammen, dessen Vater ja schließlich Müller in Leiden war, nur wenige hundert Meter Luftlinie entfernt.

Meine Arbeit bestand im Verkauf von Eintrittskarten an die überwiegend ausländischen Besucher des kleinen Museums, aus der Überwachung der sechs mit Kameras verbundenen Monitore, mit denen die Besucher auf ihrem Gang durch die Mühle im Auge behalten werden konnten, sowie in Führungen durch die Mühle. Vor allem die letzte Aufgabe führte dazu, dass ich mich nach einigen Jahren immer mehr als Bewohner der Mühle fühlte, als würde ich den Leuten nicht ein Stadtmuseum, sondern mein eigenes Wohnzimmer, meinen Alkoven, meine kleine Küche zeigen. Irgendwann wurde die Dienstwohnung in der Mühle frei, und man fragte mich, ob ich dort vielleicht mit einem Kommilitonen einziehen und gleichzeitig die Verantwortung für die tägliche Öffnung der Museumsmühle übernehmen wolle. In Gedanken rief ich begeistert ja!, dachte dann aber an meine Studienverpflichtungen und lehnte das ehrenvolle Angebot dankend ab.

In den Februarmonaten kamen manchmal den ganzen Samstag über nur zwei Leute, aber in der Hochsaison musste ich die Besucher unzählige Male die sieben Treppen hinauf- und wieder hinabbegleiten und fühlte mich dabei eher wie ein Schiffsjunge auf einem altmodischen Segelschiff denn wie beim Gang durch ein Gebäude. Und es war überhaupt nicht leicht, die vielen Mühlenbegriffe auch in Englisch, Deutsch und Französisch einigermaßen glaubwürdig zu beherrschen. Sackboden? Steinbicke? Pockholz? Krühen? Glücklicherweise schaute in den hektischen Sommermonaten regelmäßig der amtierende Müller vorbei, um die Mühle laufen zu lassen, und ich konnte bei ihm durch genaues Hinhören und vor allem Hinsehen meine dürftigen Kenntnisse ergänzen. So wurde ich doch ein bisschen zum ehrenamtlichen Müller, der die Mühlenhaube drehen konnte, die Bremse bedienen und – vom Mahlboden mit seinen Türen zur umlaufenden Galerie aus – nicht nur die historische Skyline von Leiden aus dem Effeff erklären lernte, sondern auch ein wenig Wind und Wolken lesen konnte. In *De Valk* kann jeder Besucher erleben und nachvollziehen, wie es ist, den niederländischsten aller Berufe auszuüben, den des Müllers.

Noch niederländischer, als Müller in einer Getreidemühle zu sein, ist es, wenn man sich in das Leben auf einer Poldermühle hineinversetzt. Ein Müller auf einer städtischen Kornmühle war ein Unternehmer, er war sein eigener Herr und konnte sich deshalb in guten Zeiten ein ziemlich ordentliches Einkommen und eine entsprechend angesehene gesellschaftliche Position erarbeiten. Der Müller auf einer Poldermühle auf dem platten Land war meist Angestellter einer »Hoogheemraadschap«, einer Institution, die für die Verwaltung, den Deichbau und -unterhalt, die Überwachung der Wasserqualität und den Straßenbau in einem bestimmten Gebiet verantwortlich ist. Ein solcher Müller führte oft ein karges, einsames Leben, buchstäblich am Ende der Welt. Dort war er – mit oder ohne Familie – im Erdgeschoss einer Poldermühle eingesperrt, in der nur wenige, winzig kleine Stuben bewohnt werden konnten. Das Örtchen befand sich im Freien, in Form eines balkengezimmerten Plumpsklos. Tag und Nacht war das einsame Leben des Müllers von Wind und Wetter abhängig.

Sieht ein Tourist im Juli oder August im Beemster- oder Schermerpolder die Mühlen bei strahlendem Sonnenschein, mit fröhlich flatternder Wäsche auf der Leine und dicken, weißen Wolken über dem flachen Polderland, dann wird ihm vermutlich kaum bewusst, welch ein elendes Leben diese Tausende von lohnabhängigen Müllern in den endlosen Herbst- und Wintermonaten führten, ohne moderne Heizung, ohne Auto, ohne Telefon. Und ständig drohte etwas, ein Blitzeinschlag, ein Brand oder ein Defekt an der Mühle, der dann bei Nacht und Nebel behoben werden musste. In der Poldermühle war der Müller Kapitän und Matrose zugleich, aber seine Bezahlung entsprach eher der eines Schiffsjungen. Von den paar Dutzend Gulden Jahreseinkommen konnten die meisten Müller Frau und Kinder nicht ernähren und mussten alle möglichen Gelegenheitsarbeiten annehmen, um über die Runden zu kommen.

Eine Freundin von mir wohnte jahrelang in einer Windmühle im Schermerpolder, um genau zu sein, in der Poldermühle *M* aus dem Jahr 1635 an der Zuidervaart, in dem kleinen Dorf Stompetoren in der Nähe von Alkmaar. Bei dieser Mühle handelt es sich um eine prächtige, achteckige, reetgedeckte Poldermühle, die alljährlich noch an die 500 000 Umdrehungen macht, um die Mechanik funktionsfähig zu halten. Ich habe dort mehrmals übernachtet und dabei ein bisschen miterlebt, wie man in einer echten holländischen Windmühle wohnt. Der größte Irrtum ist die Vorstellung, man könne in einer Poldermühle eine wunderbar stille Nacht verbringen. Ganz im Gegenteil. Es gibt mehr Nachtgeräusche, als ein Stadtmensch sich vorstellen kann. Die Holzkonstruktion der Mühle knackt, und zwar mitunter höchst beunruhigend, ganze Mäuselegionen sind dort auf Wanderschaft, man hört Frösche quaken und, je nach Jahreszeit, den Wind seufzen, pfeifen oder brausen. In aller Herrgottsfrühe gibt es Kiebitze, Enten, Schwalben, Möwen und tausenderlei anderes Getier, das kreischt, gackert, tschilpt und kollert. Und in den umliegenden Weiden hört man Kühe und Schafe. Nach einigen durchwachten Nächten glaubt man sogar, im Bett die Holzwürmer bohren zu hören. Am Morgen macht ein sonnenüberflutetes Frühstück im Gras neben der Mühle, inmitten der zeitlosen, von Wassergräben durchzogenen Landschaft, vieles wieder gut.

Und ein Vorteil der durchwachten Nächte liegt darin, dass man genügend Gelegenheit bekommt, sich ausgiebig mit der molinologischen »Frage aller Fragen«, der ultimativen philosophischen Frage, zu beschäftigen, die jeden, der sich für Mühlenkunde zu interessieren beginnt, früher oder später beherrscht: Warum drehen sich alle Mühlen in den Niederlanden linksherum, also gegen den Uhrzeigersinn, und nicht rechtsherum im Uhrzeigersinn? Die Frage ist so grundlegend, dass sich die meisten das gar nicht fragen und offenbar einfach hinnehmen, wie es ist. Aus der Bibliothek meines Großvaters besitze ich ein sehr gründliches, mit ausführlichen Beschreibungen und Zeichnungen versehenes Handbuch zum Mühlenbau mit dem Titel *Volledig molenboek, naar de behoefte van den tegenwoordigen tijd ingerigt, waarin voorkomt de beschrijving en afbeelding der meest in gebruik zijnde molens, met derzelver platte gronden, opstanden, onderdeelen, enz.*, (Vollständiges Mühlenbuch, nach den Bedürfnissen der Gegenwart eingerichtet, worin enthalten ist die Beschreibung und Abbildung der meisten in Gebrauch befindlichen Mühlen mit den entsprechenden Grundrissen, Aufrissen, Bauteilen etc.), zusammengestellt von J. H. Harte, einem Rotterdamer Bauingenieur, und 1846 in Gorinchem publiziert. Dort findet man einfach alles über den Bau und Betrieb von Mühlen, aber zur Drehrichtung der Flügel kein Wort.

Man hört die widersprüchlichsten Theorien. Einige nehmen an, dass die ersten Mühlen Getreidemühlen waren und der oberste Mühlstein von den Menschen, die ja meist Rechtshänder sind, eben einfach linksherum gedreht wurde. Und wenn sich der Mühlstein linksherum dreht, drehen sich auch die Flügel linksherum. Andere haben eine einfachere Erklärung und weisen darauf hin, dass sich die Mühle aus der Sicht des Müllers in der Mühle durchaus im Uhrzeigersinn mitdreht. Meine Lieblingserklärung stammt jedoch von dem belgischen Mühlenfachmann Paul Bauters. Er meint, die Drehrichtung ergäbe sich aus der Holzstruktur der Balken, aus denen die Flügel gefertigt sind. Diese Holzstruktur ist spiralförmig, was wiederum mit der Drehung der Erde um die Sonne zu tun hat, wie auch Pflanzen dem Licht der täglichen Sonnenbahn folgen. Dadurch entsteht, noch verstärkt durch den Winddruck, eine leichte Verformung der Flügel, die dazu führt, dass sie sich immer linksherum drehen.

Wenn man diese ziemlich spekulative Erklärung erst einmal akzeptiert, gibt es kein Entrinnen mehr. Dann meint man in den sich drehenden Windmühlenflügeln im niederländischen Flachland am Ende gar die Rotation des Universums zu erkennen. Dann werden die Niederlande zu dem

Ort auf der Welt schlechthin, wo man die geheimste, rätselhafteste Urkraft der Schöpfung beobachten kann. Welcher Tourist, der bei den neunzehn Kinderdijker Mühlen mit dem Fotoapparat in der Hand den Sonnenuntergang bewundert, hätte das gedacht?

Kapitel 10 DER WEG IST GERADE, ENDLOS IST DER DEICH

Die Küstenstraße, die im süditalienischen Reggio di Calabria an der Straße von Messina entlangführt, wurde von dem Dichter Gabriele D'Annunzio als »der schönste Kilometer Italiens« bezeichnet und wirklich, dieser Lungomare Matteotti, wie die Straße offiziell heißt, ist ein wunderbarer Boulevard, mit Palmen, den römischen Ruinen und Villen auf der einen Seite und dem Mittelmeer auf der anderen. Jenseits des tiefblauen Wassers ragt der Ätna empor, der höchste Vulkan Europas. Die Schönheit dieses Ortes lässt sich nicht bestreiten.

Trotzdem ist es ein interessantes Gedankenexperiment, wie der überschwängliche D'Annunzio wohl auf den Anblick des niederländischen »Afsluitdijk«, auf den dreißig kahle Kilometer langen Abschlussdeich, reagiert hätte, der wie ein göttliches Messer das niederländische Wattenmeer von der ehemaligen Meeresbucht Zuiderzee trennt. Im Stile dieses italienischen Dichterfürsten könnte man den Abschlussdeich zu Recht als »die schönsten Kilometer der Niederlande« bezeichnen. Und da D'Annunzio erst 1938 starb und der Abschlussdeich 1932 vollendet wurde, wäre, rein theoretisch, ein Besuch des Dichters durchaus im Rahmen des Möglichen gewesen. Doch der Principe di

Montevuloso, wie er sich seit 1924 dank Mussolini nennen durfte, verbrachte seine letzten Lebensjahre zurückgezogen in seinem majestätischen Palazzo *Il Vittoriale degli Italiani* am Gardasee. Überdies scheinen die nördlichen wasserbautechnischen Kunststücke der Niederländer auch einer völlig anderen, neuen Zeit anzugehören als die sinnlichen Art-déco-Phantasien – und dazu passenden Traumfrauen –, mit denen sich der italienische Dichter zu umgeben pflegte.

Womöglich braucht man auch ein nördlicheres poetisches Talent, um die kahle, fast geometrische Schönheit dieses Deichs zu erkennen, der, ausgehend von dem kleinen Städtchen Den Oever, die Provinz Nordholland mit der Provinz Friesland etwas südlich des kleinen Weilers Zurich verbindet. Dieses Talent besaß die niederländische Dichterin M. Vasalis ganz bestimmt (Vasalis ist das Pseudonym der 1909 geborenen Ärztin und Kinderpsychiaterin Margaretha Droogleever Fortuyn-Leenmans). Wenige Jahre nach der Fertigstellung des Damms verfasste sie dieses Gedicht:

Abschlussdeich

Der Bus fährt wie ein Zimmer durch die Nacht,
der Weg ist gerade, endlos ist der Deich.
Links liegt das Meer, gezähmt doch ruhelos,
wir schaun uns um, ein kleiner Mond scheint bleich.

Vor mir die jungen, frisch geschorenen Nacken
von zwei Matrosen, die verstohlen gähnen
und sich dann, nach geschmeidig kurzem Recken,
unschuldig schlafend aneinander lehnen.

Dann seh ich plötzlich, wie im Traum,
verschwommen
mit unserm Bild vereint im Fensterglas,
manchmal klar wie uns selbst, manchmal im Meer
versunken
den Geist von diesem Bus; das Gras
wächst quer durch die Matrosen hin.
Ich sehe auch mich selbst. Allein
mein Kopf treibt auf der Wasserfläche,
bewegt den Mund, als ob er spräche
wie ein erstaunter Wassergeist.
Nicht Ende noch Beginn hat diese Fahrt
und weder Zukunft noch Vergangenheit,
nur diese sonderbar gespaltene, lange Gegenwart.

Das Gedicht wurde 1940 mit nur zwanzig weiteren in ihrem Debütband *Parken en Woestijnen* (Parks und Wüsten) veröffentlicht, der die Dichterin schlagartig berühmt machte. Im Kriegsjahr 1941 erhielt sie den kurz davor gestifteten »Lucy B. en C. W. van der Hoogt«-Preis. Der Gedichtband erlebte bis heute etwa fünfzig Neuauflagen. Meine Großmutter Roosje Asscher-van der Molen publizierte im selben Jahr 1940, kurz vor dem deutschen Einfall in die Niederlande, ebenfalls ihr Erstlingswerk, den Gedichtband *De top* (Der Gipfel). Bis an ihr Lebensende war sie davon überzeugt, dass der Krieg und die darauf folgende Besetzung einen möglichen Erfolg ihres Buches verhindert hätten, weil damals alle anderes im Kopf hatten als Gedichte. Für sie mag das ein tröstlicher Gedanke gewesen sein, aber der anhaltende Erfolg von Vasalis' Debüt – schon 1941 wurde die zehnte Auflage des Buchs herausgebracht – beweist, dass Dichtung auch (oder vielleicht sogar gerade) in der Unterdrückung gedeihen kann.

Das Gedicht »Abschlussdeich« führt gut vor Augen, warum das Werk dieser Dichterin noch heute Leser so unmittelbar berührt. Es beschreibt eine Busreise über den, wie man in den Niederlanden ruhig sagen kann, »Deich der Deiche«. Vermutlich ist die Autorin nach einem kürzeren oder längeren Aufenthalt in einer der nördlichen Provinzen auf dem Rückweg nach Amsterdam, ihrem Wohnort. Sie beschreibt die ehemalige Zuiderzee (»gezähmt doch ruhelos«) links neben sich, d.h. die beschriebene Reise geht Richtung Westen. Mitten im nächtlichen Dunkel wird das Innere des Busses fast zur häuslichen Szene, bis der Autorin plötzlich die Spiegelung in den Busscheiben auffällt, die den im Bus sitzenden Fahrgästen und auch ihrem eigenen Leben irreale Züge gibt. Die intime Innenwelt und die dunkle Außenwelt gehen so ineinander über, dass der Bus wie ein hilfloses Schiff untergeht und die Dichterin sich als Meerjungfrau in den Fluten des IJsselmeers sieht.

Das Schönste an diesem klassisch gewordenen Gedicht ist jedoch die Tatsache, dass eine Dichterin so kurz nach der Eröffnung dieses technischen und bautechnischen Prunkstücks dessen ästhetisch-philosophisches Potenzial zu nutzen weiß. »Der Weg ist gerade, endlos ist der Deich«: Dieses Gefühl schmaler Unendlichkeit haben Unzählige seit der Freigabe des Abschlussdeichs für den Verkehr am 25. September 1933 am eigenen Leib erfahren. Doch kaum einer hat diese Erfahrung so meisterhaft und bewegend in Worte gefasst wie die 1998 verstorbene Vasalis.

Es gibt nur wenige niederländische Kunstwerke – im wasserbautechnischen Sinn des Wortes –, die bis heute so viel Interesse geweckt haben wie der Abschlussdeich. Nicht einmal die Bauten der Deltawerken hat man bisweilen den Eindruck, rufen ein derart erhabenes Nationalgefühl hervor wie der Deich, mit dem einst die Zuiderzee von der Nordsee getrennt wurde. Conrad Busken Huet, ein niederländischer Essayist des neunzehnten Jahrhunderts, sagte über den Domplatz von Florenz, er sei »der höchste Grad an Intensität, den das Leben einer Nation erreichen kann«. Genau das empfindet man in den Niederlanden beim Anblick dieses Deichs. Dafür lassen sich wenigstens drei Gründe anführen.

Erstens hängt dieses nationale Renommee zweifellos damit zusammen, dass der Afsluitdijk das Ergebnis buchstäblich jahrhundertelanger Planungen war. Bereits im siebzehnten Jahrhundert zeichnete Hendrick Stevin, der Sohn des berühmten südniederländischen Naturwissenschaftlers und Ingenieurs Simon Stevin, detaillierte Pläne, um die Watteninseln durch Deiche miteinander zu verbinden. Damit wäre auch die Zuiderzee abgetrennt und der Nordsee mit ihren Sturmfluten und dem zerstörerischen Salzwasser der Zugang zu den anfälligen holländischen Binnenküsten verwehrt worden. Beim damaligen Stand der Wasserbautechnik war ein derart ambitioniertes Vorhaben nicht realisierbar. Auch andere, weniger weitreichende Pläne, die vor allem im neunzehnten Jahrhundert vorgelegt wurden, kamen nicht über das Entwurfsstadium auf dem Reißbrett hinaus. Man musste auf einen wirklich gediegenen Plan warten, auf einen Mann mit dem nötigen Durchsetzungswillen und auf den richtigen Moment, um dieses Vorhaben voranzubringen.

Blick auf den Abschlussdeich in östliche Richtung, von dem von W.M. Dudok entworfenen Denkmal aus gesehen.

Den Sieg trug der Entwurf des Delfter Ingenieurs C.J. (Cornelis) Lely (1854–1929) davon, der zwischen 1887 und 1892 im Auftrag der privaten Zuiderzeevereniging acht »Technische Nota's«, heute würde man sagen Machbarkeitsstudien, zu Papier brachte. Der Wille war da, als Cornelis Lely 1913 zum Wasserbauminister ernannt wurde, und der richtige Moment war da, als im Januar 1916 bei einem mächtigen Sturm viele Deiche in Nordholland und Friesland durch aufgestautes Meerwasser brachen. Große Bereiche westlich und östlich der Zuiderzee wurden überflutet, das Seewasser strömte durch die Straßen von Amersfoort, und die nordholländischen landwirtschaftlichen Flächen standen bis an die Amsterdamer Stadtgrenzen unter Wasser. Nun war jedem klar, dass der Lely-Plan ohne weiteren Verzug umgesetzt werden musste. Darüber hinaus stellte sich im Ersten Weltkrieg, in dem unser Land seine Neutralität wahren konnte, heraus, dass die Niederlande für die Versorgung mit Lebensmitteln größere eigene landwirtschaftliche Anbauflächen benötigten. 1918 wurde das Zuiderzee-Gesetz (»Zuiderzeewet«) von beiden Kammern der Generalstaaten angenommen, und am 29. Juni 1920 erfolgte der erste Spatenstich für den ersten 2,5 Kilometer langen Damm vom nordholländischen Festland zur Insel Wieringen, von wo aus der »große Sprung nach vorn« über dreißig Kilometer Richtung Friesland gemacht werden sollte.

Ein begeisterter Befürworter dieser »Zuiderzeewerken«, des Zuiderzee-Bauvorhabens, war der damals beim Amt für Wasserwirtschaft der Provinz Utrecht (Utrechtse Provinciale Waterstaat) angestellte junge und vielversprechende Ingenieur Anton Mussert. Von 1931 bis zu seiner Hinrichtung wegen Landesverrats im Jahr 1946 stand er an der Spitze der niederländischen Nationalsozialistischen Bewegung (NSB), doch um 1920 besaßen seine nationalistischen Überzeugungen noch einen unschuldigeren Charakter. »Was Verdun für Frankreich, was der Panamakanal für die Vereinigten Staaten war, das lasst das Zuiderzee-Bauvorhaben für unser Volk sein; also nicht nur eine Sache von unschätzbarer Bedeutung für das materielle Wohlergehen der künftigen Geschlechter, sondern eine Sache der Ehre für das heutige Geschlecht und ein Zeugnis für die Stärke eines einträchtigen Volks«, schrieb er 1921 in der Fachzeitschrift *De Ingenieur*.

Ein zweiter Grund für das weit verbreitete »Deichgefühl« besteht zweifellos darin, dass man die Auswirkungen der Dammanlage in einem sehr großen Gebiet deutlich merkte. Einerseits nahm die Sicherheit an den Küsten der Zuiderzee durch die Bändigung des stürmischen Binnengewässers zu, andererseits hatte das weitreichende Folgen für die Lebensbedingungen der angrenzenden kleinen Städte, da nunmehr Tausenden von Fischern in den Häfen von Medemblik, Enkhuizen, Hoorn, Edam, Volendam, Marken, Monnickendam, Spakenburg, Harderwijk, Elburg, Urk, Kampen, Vollenhove, Lemmer, Stavoren, Hindeloopen und Makkum der Zugang zur offenen salzigen Nordsee fehlte. Von nun an war es aus mit dem Heringsfang, kein Lachs schaffte es mehr über den Abschlussdeich, und in dem allmählich süß werdenden Wasser des eingeschlossenen IJsselmeers gab es nur noch Aal, Aal und nochmals Aal zu fischen. Ansonsten blieb den Orten nichts anderes übrig, als vor allem das Interesse der Touristen an ihrer glorreichen Vergangenheit zu vermarkten.

Dem steht gegenüber, dass Hunderttausende von Niederländern dank der durch den Abschlussdeich ermöglichten Landgewinnung (besonders der Noordoostpolder und die Polder Oostelijk und Zuidelijk Flevoland) neue Heimstätten fanden. Diese Art der Landgewinnung war zwar seit dem siebzehnten Jahrhundert üblich, dennoch bleibt es – auch für die Niederländer – eine immer wieder überraschende Tatsache, wenn sie sich bewusst machen, dass von Städten wie Almere oder Lelystad mit einer Gesamteinwohnerzahl von mehr als einer Viertel Millionen Menschen vor kaum siebzig Jahren nicht nur kein einziger Stein stand, sondern dass noch nicht einmal der Boden existierte, auf dem diese Städte erbaut wurden.

Ein dritter Grund, warum der Abschlussdeich, mehr als alle anderen Deiche oder Brücken, Dämme oder Polder, ein für Niederländer ungewohnt intensives Gefühl von Nationalstolz auslöst, war der für die damalige Zeit massenhafte Einsatz von Menschen, Material und technischem Gerät, mit dem die Anlage des Deichs einherging. Abgesehen von Hunderten Maschinen und Fahrzeugen, die bemannt und bedient werden mussten (Schwimmbagger, Hebekräne, Deckschuten und Schleppschiffe), mussten zahlreiche Arbeiten mit reiner Körperkraft ausgeführt werden. In diesem dreißig Kilometer langen Deich, der aus 23 Millionen Kubikmetern zähem Geschiebelehm und 13,5 Millionen Kubikmetern Sand besteht, wurden 18 Millionen Bündel Reisig verarbeitet, und das Ganze wurde anschließend mit 1,5 Millionen Basaltblöcken und 16 Millionen Klinkersteinen bedeckt. Dass in den Jahren 1930–1932 teilweise mehr als 7000 Arbeiter gleichzeitig am Deich arbeiteten, von denen während der Bauzeit acht tödlich verunglückten, belegt anschaulich den heroischen Charakter der Unternehmung. Auch die rein technischen Herausforderungen, vor die sich die Planer des Afsluitdijks gestellt sahen, waren beeindruckend. Eine Herausforderung bestand darin, dass das neu entstandene IJsselmeer – in das der Fluss IJssel einmündet und das zudem noch beträchtliche Mengen Regenwasser auffängt – ins Wattenmeer entwässert werden musste, während natürlich gleichzeitig das schwerere Salzwasser aus dem Wattenmeer nicht durch die Entwässerungsschleusen des Abschlussdeichs ins IJsselmeer einfließen durfte.

Das gerade erwähnte Beispiel zeigt, dass der Bau dieser Sperre und der dazugehörenden Schleusen mindestens ebenso sehr eine Frage von Kopfarbeit wie von Muskelkraft war. Während der Vorbereitungen stellten sich Fragen, auf die nicht einmal der phantasievolle Verstand eines Cornelis

Lely eine befriedigende Antwort wusste, etwa welchen Einfluss der geplante Deich auf die Pegelstände des Wattenmeers haben würde. Die Antworten der hinzugezogenen Experten waren höchst widersprüchlich, sie variierten um 3,75 Meter und reichten von fünfzehn Zentimetern bis zu vier Metern. Das erforderte genauere Untersuchungen. Damit wurde eine Staatskommission unter dem Vorsitz des Niederländers Hendrik Antoon Lorentz (1853–1928) beauftragt, der bereits mit vierundzwanzig Jahren zum Hochschullehrer für Theoretische Physik in Leiden ernannt worden war, und zu dessen Bewunderern auch Albert Einstein zählte. Der Physiker erforschte von 1918 bis 1926 die voraussichtlichen Auswirkungen. Nach der Fertigstellung des Deichs erwiesen sich seine mathematischen Berechnungen als völlig zutreffend, so dass der Bau dieses Damms der hydrodynamischen Strömungslehre in den Niederlanden, besonders in Delft, wichtige Impulse gab.

Die allgemeine nationale Begeisterung, der wissenschaftliche Erfindergeist, die technische Genialität und der massenhafte Einsatz von Arbeitskräften führten bei der Vollendung des Abschlussdeichs zu einem Ausbruch von Stolz und Feststimmung, die für die ruhigen, bürgerlichen Niederlande der frühen dreißiger Jahre ungewöhnlich waren. Auf Filmaufnahmen vom Wasser aus und dank Luftaufnahmen kann man in verschiedenster Weise den sorgfältig geplanten Augenblick bewundern, in dem am 28. Mai 1932 um 13.02 Uhr die letzte Lücke im Abschlussdeich geschlossen wurde. Schiffssirenen, Dampfpfeifen und Jubelrufe ertönten, als es den Greifern der Hebekräne endlich gelang, die immer schmalere Öffnung, durch die das Wasser umso stärker hereinstrudelte, mit einer Unmasse Geschiebelehm abzudichten. Die Filmaufnahmen zeigen deutlich, wie die zu diesem historischen Moment geladenen Ehrengäste – Politiker und Vertreter der nationalen Straßen- und Wasserbaubehörde, die alle mit Hut und im Anzug gekommen waren – auf einer eigens für diesen Zweck ganz in der Nähe ankernden Deckschute stehen. Aber was auch immer für die feierliche Begehung durch einen oder mehrere dieser Behördenvertreter geplant war, eine junge Frau aus dem nordholländischen Dörfchen Hippolytushoef entschied anders.

Grietje Bosker war 37 Jahre alt. Ihr Vater Okko Bosker hatte mit seinem Bauunternehmen die Basaltblöcke für den Deich geliefert. Deshalb meinte er wohl, dass ihm das Recht zustehe, bei der feierlichen Vollendung der Arbeiten zugegen zu sein. Allerdings war er nicht eingeladen. Deshalb hatte er Schuten gemietet, um mit seiner Familie und den engsten Mitarbeitern bis in die Nähe der Stelle zu fahren, wo die letzte Bresche im Deich zu schließen war. Man erzählt sich, auch ihn habe die plötzliche Aktion seiner Tochter überrascht, die, sobald die Lücke von Kran Nr. 6 der Maatschappij tot Uitvoering der Zuiderzeewerken (MUZ), der Gesellschaft zur Ausführung des Zuiderzee-Bauvorhabens, geschlossen war, Schuhe und Strümpfe auszog, die Röcke schürzte und barfuß über den fetten Geschiebelehm des letzten Teilstücks des nun vollendeten Abschlussdeichs lief. Grietje Bosker, die eigensinnige Frau aus Hippolytushoef, die allen Würdenträgern das Nachsehen gab, erlangte mit einem Schlag nationalen Ruhm. Wohl nannten einige Zeitungen es eine Schande, dass sie ihre Röcke so hoch gehoben und damit den zahllosen Kameras – und der prüden holländischen

Öffentlichkeit des Jahres 1932 – einen nicht unerheblichen Blick auf ihre Moltonunterhose gegönnt hatte.

Die Staats- und Amtspersonen konnten insoweit beruhigt sein, weil sich später noch genügend Gelegenheiten bieten sollten, in denen Ingenieure, Generaldirektoren, Minister, wechselnde Königinnen, und im Jahr 2007 noch einmal der Kronprinz unter dem feierlichen Aussprechen symbolischer Worte Staatsakte auf dem Abschlussdeich durchführen durften. Das vom Architekten Dudok entworfene Denkmal gab dabei regelmäßig den charakteristischen Hintergrund ab (und bot nicht selten Schutz vor dem tosenden Wind).

In den vergangenen Jahrzehnten entwickelte sich der Abschlussdeich in vielerlei Hinsicht zum Lieblingsdeich der Niederländer: Hier wurden Marathons gelaufen, Radrennen ausgetragen, aber auch brave Wanderrouten angelegt. Motorradfahrer befestigten auf dem Lenker ihrer Maschinen eine Webcam und zeigten dann im Internet, dass sie mit ihrer Kawasaki ZX-10 dort durchaus auf 230 Stundenkilometer kommen können. Formel-1-Fahrer Robert Doornbos stellte am 15. August 2006 den Rekord auf, als er auf dem Deich 326 Stundenkilometer stoppen ließ. Dichter und Sänger ließen am Deich ihren Talenten freien Lauf, und die Bilder, auf denen der Rotterdamer Hafenmaler J. H. Mastenbroek den Bau des Deichs in Ölfarbe festhielt, sind beliebt wie eh und je, wie eine erfolgreiche Ausstellung im Zuiderzeemuseum anlässlich des fünfundsiebzigsten Jubiläums zum Bau des Abschlussdeichs bewies.

Pro Jahr reisen Hunderttausende ausländischer Touristen an, um dieses Wunderwerk der Wasserbautechnik zu besichtigen, an dem es genau genommen nicht viel zu sehen gibt, doch das gilt auch für viele andere natürliche oder technische Wunder, etwa für die Niagara-Wasserfälle, den Kanal von Korinth oder den Suezkanal. In einer eigenen Fernsehsendung anlässlich des fünfundsiebzigjährigen Deichjubiläums am 28. Mai 2007 wurde ein französischer Tourist interviewt. Er nannte den Abschlussdeich passend *»une pyramide allongée«*, eine langgezogene Pyramide, eine Beschreibung, die als Hinweis auf eines der Sieben Weltwunder sehr gut die Bewunderung für das großartige gestalterische und bautechnische Können ausdrückt, mit dem dieser Damm im offenen Meer gebaut wurde.

Alles in allem ist die Geschichte des Abschlussdeichs vor allem die Geschichte einer Vision und des Durchsetzungsvermögens eines Mannes, von Ingenieur C. J. Lely, dem der geniale Naturwissenschaftler Lorentz zur Seite stand; aber es waren die namenlosen Tausende, die dafür sorgten, dass der Deich auch tatsächlich errichtet wurde. Lely erlebte die Vollendung »seines« Abschlussdeichs nicht mehr. Er starb am 14. Januar 1929. Wegen der Unzahl von Menschen, die am Bau des Deichs mitgearbeitet haben, gibt es viele, die von einem Vater, Großvater oder Urgroßvater berichten können, der irgendwie beteiligt war. Das macht den Abschlussdeich noch mehr zu einem nationalen Unternehmen.

Es gibt jedoch nur eine einzige Person, die sich den Abschlussdeich lebenslang ganz besonders angeeignet hat, und das ist die bereits erwähnte Grietje Bosker. Sie war so sehr mit diesem besonderen Augenblick der Vollendung des Bauwerks verbunden, dass ihr bei den Feierlichkeiten anlässlich des fünfundzwanzigjährigen Baujubiläums des Abschlussdeichs am 28. Mai 1957 aus den Händen des Kommissars der Königin für die Provinz Noordholland, M. J. Prinsen, ein Blumenstrauß überreicht wurde als Ausdruck der offiziellen Vergebung dafür, dass sie damals mit ihrer impulsiven Aktion den Würdenträgern die Erstbegehung des neuen Deichs vor der Nase weggeschnappt hatte. Aber das Gefühl der Schicksalsgemeinschaft reichte sogar noch tiefer, tiefer auch als das, was M. Vasalis in ihrem Schlüsselgedicht über den Abschlussdeich ausdrückte. Grietje Bosker blieb bis zu ihrem Tod ledig. Es mag merkwürdig klingen, aber sie teilte ihr Leben mit »ihrem« Abschlussdeich. 1991 starb sie 96-jährig und wurde in ihrem Geburtsort Hippolytushoef begraben. Auf ihrem Grabstein ist energisch eingemeißelt: »Ihr Stolz war der Abschlussdeich.«

Kapitel 11 MEHR ALS EIN EIMER AUF BEINEN

Das von den Niederländern schmählich gegen die Deutschen verlorene Endspiel der Fußball-WM 1974 hat in unserem Land in den vergangenen Jahrzehnten mythische Ausmaße angenommen. Zwar wurde die Direktübertragung des Spiels im Fernsehen am 4. Juli, Punkt vier Uhr nachmittags, in Millionen von Wohnzimmern und Tausenden von Kneipen verfolgt, aber diese Sehbeteiligung war dennoch ein Klacks, verglichen mit späteren Spitzenspielen. Fußballspiele, vor allem Länderspiele im Rahmen der Europa- und der Weltmeisterschaft, gehören nicht nur zu den Fernsehsendungen mit den höchsten Einschaltquoten, sondern bei diesen Spielen wird auch im Vergleich am meisten getrunken. Und natürlich will niemand während des Matchs auch nur eine Spielminute versäumen.

Das Spiel mit der höchsten Einschaltquote, das je vom niederländischen Fernsehen ausgestrahlt wurde, war vermutlich das WM-Halbfinale Niederlande gegen Brasilien am 7. Juli 1998, das im Vélodrome von Marseille ausgetragen wurde. Mindestens 11,7 Millionen Niederländer, das sind 84 Prozent der Bevölkerung im Alter von sechs Jahren und mehr, sahen, wie die Oranje-Elf, die niederländische Nationalmannschaft, im Elfmeterschießen das Spiel schließlich mit 4:2 verlor. Die kritischen Momente eines solchen Spiels liegen meist gleich nach der ersten Halbzeit und kurz nach dem Ende der regulären Spielzeit. Im vorliegenden Fall kamen nach der Verlängerung noch die Minuten der Entscheidung durch Elfmeterschießen dazu. Neben internationalen Fußballspielen sollte man die Eisschnelllaufwettkämpfe und seit einigen Jahren auch die Dart-Turniere nicht außer Acht lassen, aber vermutlich brach das Fußballmatch Brasilien – Niederlande alle Rekorde: Noch nie in der niederländischen Geschichte gingen so viele Menschen gleichzeitig auf die Toilette.

Für einen Wasserwerker muss es frustrierend sein, dass jeder ganz selbstverständlich davon ausgeht, dass immer und unter allen Umständen mit dem Aufdrehen des Wasserhahns in der Küche oder im Bad oder beim Drücken auf einen Knopf am Spülkasten genügend sauberes Wasser zur Verfügung steht. Einerlei, ob die Wohnung im Parterre oder im siebzehnten Stock eines Hochhauses liegt, ob das Haus direkt neben den südholländischen Dünen steht, wo das Trinkwasser gewonnen wird, oder mitten in der Veluwer Heide, wo es kaum einen Tropfen Wasser gibt. Nur wenige interessieren sich für die Frage, woher das Wasser aus der Leitung kommt oder weshalb es überhaupt möglich ist, den Druck in den Leitungen immer hoch genug zu halten. Damit beschäftigt man sich erst, wenn etwas nicht funktioniert, wenn die Wasserzufuhr unregelmäßig oder wegen Straßenbauarbeiten vorübergehend gesperrt ist. Wer hat denn je einen Hydrophor von Nahem gesehen? Die meisten werden nicht einmal wissen, was das überhaupt ist und wozu ein solches Gerät dient. Und doch handelt es sich dabei um eine Installation, die jedem, ohne dass er es weiß, täglich nützt.

Ein Hydrophor ist eine elektrische Pumpe, die den ausreichenden Druck in der Hauswasserleitung gewährleistet, und ausreichend bedeutet mindestens 2 Bar. In mehrstöckige Hochhäuser wird oft eine eigene Pumpinstallation für extra Wasserdruck eingebaut, damit auch alle Bewohner der obersten Etage gut und gleichzeitig duschen können. Alle Hydrophoren sorgen zusammen dafür, dass, falls 84 Prozent der Bevölkerung fast gleichzeitig aufs Klo gehen und sich danach – hoffentlich – auch kurz die Hände waschen, der Druck im Leitungssystem ausreicht.

Dass Otto Normalverbraucher die Technik hinter seiner Wasserversorgung nie zu sehen bekommt, ist an sich nicht weiter tragisch. Der europäische Stadtbewohner sieht heute auch nicht mehr, wohin sein Hausmüll gebracht wird oder wie das Abwassersystem funktioniert. Das ist gewissermaßen die Kehrseite der Medaille unseres modernen Lebens, die nur derjenige zu sehen bekommt, der berufshalber damit zu tun hat. Dennoch stehen in den Niederlanden Hunderte von Industriedenkmälern, die uns daran erinnern, dass seit der Mitte des neunzehnten Jahrhunderts eine Stadt nach der anderen eine Kanalisation legen ließ, mit der die Wasserzufuhr und der richtige Druck durch dieses fein verzweigte Leitungsnetz gewährleistet wurde. Es sind die Wassertürme, von denen in den vergangenen hundertfünfzig Jahren Hunderte überall in den Niederlanden gebaut wurden; der älteste ist der Wasserturm von Den Helder aus dem Jahr 1856.

Einhundertfünfzig Jahre Wasserturmbau führen auch die diversen aufeinanderfolgenden Bautechniken vor Augen, beim Reservoir von frühesten Gusseisen- über Eisenblech- zu schmiedeeisernen Konstruktionen und bei der äußeren Gestalt vom Backsteinbau bis zur Einführung des Betonbaus zu Beginn des zwanzigsten Jahrhunderts. Neben den circa 260 Trinkwassertürmen wurden auch unzählige Industrietürme errichtet: zur Wasserversorgung von Dampflokomotiven oder Papierfabriken, als Prozesswasser für den Grubenbau oder als Löschwasser bei Betrieben mit hoher Brandgefahr, für Sprinkleranlagen oder für die Berieselung von Gewächshäusern. Industrietürme und »Standrohre« wurden fast ausnahmslos abgerissen, aber von den niederländischen Trinkwassertürmen sind derzeit noch ungefähr 175 Exemplare übrig. Ein Viertel ist sogar noch in Betrieb, was beweist, dass manche historische Lösung für ein technisches Problem gerade wegen ihrer Einfachheit nur schwer zu verbessern ist.

Im Grunde haben alle Wassertürme denselben funktionalen Aufbau: Sie besitzen ein Reservoir für ein paar Hundert Kubikmeter Wasser, das oben in einem 25 bis 60 Meter hohen Turm angebracht ist. Damit konnte ein ausreichender, konstanter Wasserdruck für die Umgebung erreicht werden, und im Turm gab es außerdem noch einen Puffervorrat an Wasser, falls die Wasserleitung einmal ungewöhnlich stark in Anspruch genommen werden sollte, etwa bei einem großen Brand.

Insgesamt gibt es etwa 140 Wassertürme in den Niederlanden, deren Fortleben nach dem Verlust ihrer ursprünglichen Funktion auch irgendwann einmal in Frage gestellt werden wird, es sei denn, man findet eine neue Aufgabe für sie. Dann ist ein sinnvolles neues Nutzungskonzept erforderlich, durch das wenigstens die Kosten für den Unterhalt und notfalls für die Restaurierung wieder hereingeholt werden können. Wie bei allen Gebäuden mit einem gewissen architektonischen Wert, deren einstige Funktion heute verloren zu gehen droht, weil sie von einer neueren, besseren Technik abgelöst wird, gibt es auch im Fall der Wassertürme unzählige Privatleute, Stiftungen und Vereine, Bürgerinitiativen, Ehrenamtliche und Unternehmer, die glauben, es lohne sich, die überflüssig gewordenen Türme vor der Abrissbirne zu retten. Das führte in den vergangenen Jahrzehnten zu neuen Umnutzungen der markanten Wassertürme, die sich freilich nur schwer für eine andere Funktion umbauen lassen. Die nutzbare Bodenfläche der einzelnen Stockwerke ist meist gering, oft gibt es im Turm weder eine brauchbare Treppe noch einen Aufzug, häufig ist die Lage der Türme in sozialer, wirtschaftlicher oder touristischer Hinsicht unpraktisch, und die gegenwärtigen Eigentümer, meist Gemeinden oder Wasserwerke, möchten ein Problem lieber los sein, als sich noch jahrelang mit einem Wasserturm, der zu wenig nütze ist, zu belasten.

Wer sich mit dem Nachleben von niederländischen Wassertürmen beschäftigt, trifft auf die originellsten neuen Nutzungen. Manche bekamen durch den Einbau von Apartments eine Wohnfunktion, andere wurden zu Hotels, manchmal mit einem Café oder Restaurant im Erdgeschoss oder im Gegenteil ganz oben, wieder andere dienen heute als Büroräume oder Ateliers für Künstler, als Kindertagesstätte, Ferienwohnung oder Kunstgalerie. Der aus dem Jahr 1896 datierende Utrechter Wasserturm wurde sogar teilweise als Museum eingerichtet. Für die Umnutzung alter Wassertürme werden auch regelmäßig Wettbewerbe ausgelobt, um ihnen eine möglichst originelle Zukunftsperspektive zu eröffnen. Manchmal werden so chancenreiche Möglichkeiten sichtbar – wie bei der Ausschreibung der Stadt Leiden, die nun bezüglich eines ihrer Wassertürme, den sie loswerden möchte, über eine Nutzung als Restaurant, Indoor-Spielplatz, Meditationszentrum oder Geburtshaus nachdenkt. Manchmal klappt es aber auch nicht, wie das Ökologische Informations- und Studienzentrum im Wasserturm von Dubbeldam in Zuidholland beweist. Schon nach kurzer Zeit geriet es in finanzielle Schwierigkeiten. Bei meinem letzten Besuch wurden Pläne für ein Hotel und ein Unternehmen zur Vermietung von Liegerädern als neue Doppelnutzung entwickelt.

Neue Nutzungskonzepte für alte Wassertürme zu finden wird einerseits durch die Aufnahme zahlreicher Türme in die Denkmalschutzliste stimuliert, andererseits bringt dieser Sonderstatus jedoch auch Einschränkungen mit sich, die einer Neunutzung gerade im Wege stehen können. Wassertürme haben beispielsweise ursprünglich kaum Fenster. Man brauchte keine und hätte damit nur dem Staub, den Insekten und Vögeln einen Zugang geboten. Deshalb dürfen in einen denkmalgeschützten Wasserturm auch nicht einfach Fenster gebrochen werden.

Es mag wie reine, blinde Konservierungswut wirken, wenn auch alte Wassertürme, die ohne jegliche nützliche Funktion sind, mit aller Gewalt erhalten werden sollen, aber es spricht doch sehr viel dafür, zumindest eine repräsentative Auswahl von ihnen nicht verloren gehen zu lassen. Obwohl die Funktion eines Wasserturms äußerst simpel ist, gelang es Architekten häufig, ihnen eine geniale Form zu geben. Einigen Türmen sieht man ihre technische Funktion ganz eindeutig an, vor allem im auskragenden oberen Teil, in dem sich das Wasserreservoir befindet, bei anderen Wassertürmen wurde dagegen der funktionale Charakter überaus kunstvoll kaschiert, so dass man auf den ersten Blick einen Festungs-, Glocken- oder Kirchturm vor sich zu haben meint und erst beim zweiten Hinsehen begreift, wofür der Turm eigentlich diente. Auf dem Land, wo das Einzugsgebiet oft größer war, sind die Türme in der Regel schlank und hoch, in der Stadt dagegen meist niedrig und plump. Wer sich viele Fotos von niederländischen Wassertürmen nacheinander vornimmt, wird verblüfft sein über die Vielfalt und den Erfindungsreichtum, die Variationsbreite und die völlig verschiedenen Stilmerkmale dieser Bauwerke.

Die äußere Gestalt der Türme wurde von einer Reihe Faktoren bestimmt, vor allem von der Höhe, dem Umfang und der Form des Wasserreservoirs, vom Material, das für diesen Bau ausgewählt wurde, und manchmal auch von der Umgebung, in die der Turm einzupassen war. Aber im Grunde liebten Architekten Wasserturmprojekte. Sie boten die Möglichkeit, sich angesichts der auffälligen Position der Gebäude in der flachen Landschaft durch eine ungewöhnliche Formgebung einmal richtig auszuleben. Die Planer mussten sich dabei ja nicht nach den Vorgaben oder Wünschen eventueller Bewohner richten. Jede Stilrichtung oder architektonische Strömung konnte als Inspirationsquelle dienen; deshalb finden sich auch alle Stile in den aufeinanderfolgenden Phasen des Wasserturmbaus: Neo-Renaissance, Neo-Romanik, Art déco, Amsterdamer Schule, Neue Sachlichkeit usw.

Allein die Nutzungvorgaben der Wasserwerke zählten, und die waren mitunter durchaus offen für etwas Auffallendes, das als Landmarke, als Erkennungsmerkmal für die Stadt und die Region und nicht zuletzt als Visitenkarte für das Unternehmen dienen konnte. Genau wie heute für eine passende Neunutzung Wettbewerbe ausgeschrieben werden, so geschah das auch regelmäßig vor hundert Jahren beim Bau von Wassertürmen, mit Spitzenarchitekten in der Auswahljury, in dem Wunsch, möglichst originelle Entwürfe auf den Tisch zu bekommen. Der Bau identischer Türme, vor allem die Wiederverwendung eines bereits gebauten Entwurfs oder der Bau von Türmen »in Serie«, was beim Bau der niederländischen Bahnhöfe öfter vorkam, war bei Wassertürmen eher selten. Fast jeder der 260 niederländischen Trinkwassertürme war einzigartig, und das gilt auch für die 140 noch erhaltenen Türme, die nicht mehr ihre ursprüngliche Funktion versehen.

Das soll natürlich nicht heißen, dass alle Wassertürme in architektonischer Hinsicht gleichermaßen gelungen oder schön sind. Der Wasserturm meines Geburtsorts Alkmaar ist mir lieb, weil er gewissermaßen »mein erster Wasserturm« war, der Turm, der gewährleistet, dass ich als Baby gewaschen werden, als Kind trinken und duschen und unser handtuchbreiter Garten vor und hinter dem Haus in langen, heißen Sommern gegossen werden konnte. Es ist ein echter Turm, 1900 aus Backsteinen erbaut, und er hat ein Vorhaltebecken für 800 000 Liter Wasser; früher war er sogar zinnenbewehrt, was zu dem Missverständnis führte, dieser Turm sei im Stadtwappen von Alkmaar verewigt. Das wäre für einen Wasserturm freilich zu viel der Ehre; der Turm im Stadtwappen ist eine zinnenbewehrte silberne Burg, im Wappen rot, die – wie es auch der Wappenspruch *Alcmaria Victrix* sagt – an den heldenhaften und entscheidenden Kampf der Alkmaarer Bürger während der spanischen Belagerung 1573 erinnert. Auch der Alkmaarer Wasserturm hat seine frühere Funktion verloren und wird heute als Künstleratelier genutzt.

Wer mit einem objektiveren und vielleicht kunsthistorisch geschulten Auge den Bestand niederländischer Wassertürme durchgeht, wird kaum übersehen, dass die gelungensten Entwürfe der unzähligen Architekten, die sich einhundertfünfzig Jahre lang mit diesem Zweckbau auseinandersetzten, von dem Den Haager Architekten Hendrik Sangster (1892–1971) stammen, der an der Technischen Hochschule von Delft zum Straßen- und Wasserbauingenieur ausgebildet worden war. Zwischen 1923 und 1935 erbaute Sangster nicht nur neunzehn Wassertürme, was ihm schon aus rein quantitativen Gründen den Ruf eines Wasserturmarchitekten einbrachte, sondern er legte darüber hinaus wie kein Zweiter in einer Reihe von Artikeln in Fachzeitschriften wie *De Ingenieur* und das *Polytechnisch Weekblad* seine Vision des Wasserturmbaus dar – ein Thema, zu dem bis dahin in der niederländischen Bauwelt noch kaum eine Theorie entwickelt worden war. Sein wieder und wieder zitierter Leitspruch, den er in seinen Schriften gleichermaßen architektonisch wie technisch visionär ausarbeitete, lautete: Ein Wasserturm verdiene den Einsatz von mehr Hirnschmalz, als nötig ist, um lediglich »einen Eimer auf Beinen« zu produzieren. In einer völlig eigenen Formsprache und einer interessanten stilistischen Entwicklung (anfänglich eher

Art déco zu einer später schlichteren, sachlicheren Formgebung) hinterließ Sangster einige der schönsten niederländischen Wassertürme, die sich alle durch einen reinen, ästhetischen und zugleich monumentalen Stil auszeichnen. Vor allem die Türme, die er mit großer Produktivität zwischen 1924 und 1930 im Auftrag verschiedener Wasserwerke baute, zeichnen sich durch ihr markantes Erscheinungsbild aus.

Zum Nachteil für Sangsters posthumes architektonisches Ansehen ist ein Wasserturm nicht nur in Friedenszeiten eine auffallende Landmarke, auch in Kriegszeiten kann einem Wasserturm wegen seiner Höhe eine wichtige, umkämpfte Funktion in den militärischen Auseinandersetzungen zukommen. Im Zweiten Weltkrieg wurden Wassertürme von der deutschen Wehrmacht oft als Beobachtungsposten genutzt, und mehr als zwanzig Wassertürme wurden insbesondere in der Endphase des Krieges durch Granatbeschuss zerstört oder irreparabel beschädigt. Bei ihrem Rückzug aus den Niederlanden pflegten deutsche Heeresverbände militärisch sensible Bauwerke wie Brücken oder auch Wassertürme mit Sprengstoff zu bestücken, weil sie den Alliierten nicht unbeschädigt in die Hände fallen sollten. Zu den auf diese Weise verlorengegangenen Wassertürmen gehörten auch mindestens acht der neunzehn Sangster-Türme, so dass nach dem Krieg nur noch elf unversehrt waren. Heute sind noch immer zehn vorhanden, davon drei öffentlich zugänglich: Der Wasserturm von Aalsmeer (1928) ist zu halbwegs regelmäßigen Zeiten für Besichtigungen geöffnet. Er gilt als ein so meisterhaftes Bauwerk, dass er nicht nur unter Denkmalschutz steht, sondern seit dem 1. Januar 2008 auch als offizielles Standesamt genutzt wird. *De Lichtmis* (1932), in der Nähe von Zwolle, wurde zu einem Edelrestaurant mit Hotelbetrieb namens *De Koperen Hoogte* (Kupferne Höhe) umgebaut. Der Turm von Vriezenveen (1934) kann einmal jährlich am Tag des Denkmals bestiegen werden.

Noch trauriger als um die durch Kriegseinwirkung zerstörten Türme ist es um die circa sechzig Wassertürme bestellt, die aufgrund administrativer Entscheidungen vor allem in den fünfziger, sechziger und siebziger Jahren der Abrissbirne zum Opfer fielen, also noch bevor sich das Bewusstsein für den Gedanken der Umnutzung und die Forderung »Erhalt durch Entwicklung« im Nachdenken über monumentale Baudenkmäler Bahn brachen. Die bekannte französische Kampflosung *à la guerre comme à la guerre* gilt für Menschen wie für Gebäude, und dem Menschen bleibt höchstens der Protest, ansonsten muss er das Geschehen hinnehmen. Aber in Friedenszeiten ein schönes, wehrloses Gebäude, dem man nichts weiter vorwerfen kann, als dass es veraltet ist, aus Bequemlichkeit oder aus Desinteresse bei vollem Verstand abzureißen, das ist barbarisch.

Ein trauriges Beispiel einer solchen Barbarei war 1985 der Beschluss – vermutlich aus finanzieller, kultureller und kreativer geistiger Armut –, den von Hendrik Sangster 1925 erbauten Wasserturm an der Sweenstraat in der Brabanter Gemeinde Kaatsheuvel der Abrissbirne zu opfern. Ich persönlich kann mehr Verständnis für einen Soldaten aufbringen, der im Krieg in einem militärisch sensiblen Objekt wie einem Wasserturm Sprengstoff anbringt, als für einen Bürgermeister oder Direktor eines Wasserwerks, der ohne

Der 1985 abgerissene Wasserturm von Kaatsheuvel, ein Entwurf von Hendrik Sangster.

jede Not den Auftrag zum Abriss eines solchen Turms gibt. Und sich dann noch vorzustellen, dass der Wasserturm von Dongen, ebenfalls nach einem Sangster-Entwurf, im letzten Kriegsjahr durch den heldenhaften Einsatz der Mitglieder einer lokalen Widerstandsgruppe gerettet wurde, die es gewagt hatten, den von den Deutschen angebrachten Sprengstoff mit bloßen Händen zu entfernen und in die Donge zu werfen.

Zwar stehen die noch vorhandenen Wassertürme scheinbar solide in der niederländischen Landschaft, aber im Grunde sind diese prähistorischen Spezies der modernen

Trinkwasserversorgung höchst verletzlich. Weil man heutzutage auf sie verzichten kann, wurden sie in den vergangenen Jahrzehnten nicht selten völlig schuldlos preisgegeben, gleichsam wie aufgejagtes Wild dem Abschuss ausgeliefert. Ich gestehe, dass ich eine Schwäche für sie habe.

Kapitel 12 UM DIE BRÜCKE ZU BESEHN

Meine Mutter wuchs in Nijmegen auf, der ältesten niederländischen Stadt, die an der Waal liegt. Auf Gemälden aus dem siebzehnten und achtzehnten Jahrhundert kann man noch gut erkennen, dass die von Batavern und Römern etwa zu Beginn unserer Zeitrechnung gegründete Stadt jahrhundertelang als stolze Feste hoch über dem Fluss lag. Dadurch hatten die Einwohner nicht nur militärisch einen wertvollen Ausblick über die sie umgebende Flusslandschaft, diese Lage bedeutete auch seit alters her hervorragende Wasserverbindungen zur Römersiedlung bei Xanten und später zu nah gelegenen deutschen Städten wie Köln und Kleve. Die im ersten Jahrhundert unserer Zeitrechnung von den Römern gebaute Brücke über die Waal war jedoch schon in der Fränkischen Zeit längst verschwunden. Im Mittelalter galten solche Zugänge zur Stadt aus Verteidigungsgründen offenbar als zu gefährlich, und überdies fehlte es vermutlich auch am erforderlichen wasser- und maschinenbautechnischen Wissen, um den inzwischen viel breiteren Strom mit einer Brücke zu überspannen.

Auch zur Zeit der Abtragung der gewaltigen Festungsanlagen von Nijmegen im ausgehenden neunzehnten Jahrhundert, wodurch die Stadt aus der mittelalterlichen Umklammerung befreit und eine Stadterweiterung möglich wurde, gab es noch keine Brücke. Zwar wurde jahrelang darüber spekuliert und sogar leidenschaftlich dafür Partei ergriffen, etwa durch den hier ansässigen Fotografen C. A. P. Ivens, den Vater des später berühmten Filmemachers Joris Ivens. Als meine Mutter 1930 als Tochter des Eigentümers und Geschäftsführers einer Nijmegener Reinigung geboren wurde, gab es zwar (seit 1879) eine Eisenbahnverbindung über den Fluss, aber noch immer keine Brücke für die inzwischen Tausende von Autos, die täglich auf der Nordseite in die Stadt einfahren und wieder aus der Stadt herauswollten. Und wenn es weder Brücke noch Tunnel gibt, muss man mit einer Fähre den Fluss überqueren. Das taten meine Großeltern in den dreißiger Jahren daher auch mit ihren Kindern, den beiden Söhnen und der Tochter, mit dem Auto, dem Fahrrad oder zu Fuß. Doch wenn die Fähre nicht fuhr, etwa weil der Fluss zugefroren war, musste man eben den Umweg über Köln machen. Eine unhaltbare Situation, an die sich die Nijmegener allerdings schon seit Jahrhunderten gewöhnt hatten, denn im Grunde ging das schon seit 1657 so.

Damals bot ein gewisser Hendrik Heuck erstmals einen Fährdienst über die Waal an. Zuvor hatte er als Bierbrauer und Glasbläser gearbeitet, er bekleidete wichtige Ämter als Hauptmann der Schützengilde und später als Rentmeister der Stadt von Nijmegen, doch in die Annalen ging er vor allem als Erfinder der Gierfähre ein. Ob zu Recht oder Unrecht, muss hier offen bleiben. Auf jeden Fall sicherte er sich für einige Jahre das exklusive Privileg, mit dieser genialen Erfindung Passagiere gegen Bezahlung über den Fluss zu setzen, und zog daraus Gewinn. Davor mussten die Leute mit einem Segel- oder Ruderboot ans andere Ufer gebracht werden, was wegen der mitunter starken Strömung ein heikles Abenteuer war. Das Prinzip der Gierfähre machte dieser Unsicherheit ein Ende. Mit einer starken Kette war die Fähre an einem Pfahl befestigt, der ein Stück stromaufwärts fest in den Fluss gerammt war. Sobald die Fahrgäste an Bord waren, änderte der Schiffer den Ruderstand, und das Boot wurde dadurch von der Strömung gewissermaßen zur Seite – das heißt, voran – geschoben. So erreichte die Fähre – ohne jedes Segel oder anderen Antrieb – sicher das andere Ufer. Man brauchte dafür nichts weiter als Anlegestellen an beiden Flussufern. So ging das fast dreihundert Jahre lang.

Ob er nun alles selbst erfunden hatte oder nicht, Hendrik Heuck war jedenfalls mächtig stolz auf diese Erfindung. Zusammen mit seiner Ehefrau Catharina Brouwers ließ er sich von seinem Mitbürger Nicolaes van Helt (1614–1669), der als Künstler in Italien und am französischen Hof tätig gewesen war, vor dem Hintergrund einer Stadtansicht von Nijmegen an der Waal porträtieren. Das kolossale Doppelporträt misst 1,80 auf 1,96 Meter und befindet sich heute im Louvre. Auf den ersten Blick wirkt es so, als hätte Heuck den rechten Arm um seine Gattin gelegt, doch der genaue Betrachter sieht, dass er mit dem Stock in der Hand auf ein kleines, auf der Waal fahrendes Boot im Hintergrund deutet, vielleicht die Gierfähre, die ihn berühmt gemacht hat. Jedenfalls hält seine Ehefrau ein Blatt mit einer Entwurfszeichnung in der Hand, auf die Heuck mit dem Finger seiner Linken zeigt, um ein weiteres Mal – überflüssigerweise – die Aufmerksamkeit des Betrachters auf sein Ingenieurwerk zu lenken. So erweist sich dieses Gemälde, das von Weitem ein Ehegattenporträt zu sein scheint, bei genauerer Betrachtung als eine sorgfältig rekonstruierte Ehrbekundung für das Werk und den Erfindergeist des Ehemanns.

In den dreißiger Jahren des zwanzigsten Jahrhunderts wurde die Gierfähre, die seit einigen Jahrzehnten den zutreffenden Namen *Zeldenrust*, Selten Ruh, trug, zunächst motorisiert und dann 1936 definitiv aus dem Wasser gezogen, denn in diesem Jahr war die lang erwartete Brücke nach vierjähriger Bauzeit fertiggestellt.

Hendrik Heuck mit seiner Frau Catharina Brouwers, gemalt von Nicolaes van Helt.

Königin Wilhelmina höchstpersönlich eröffnete das Weltwunder, unter den aufmerksamen Blicken von etwa 200 000 Neugierigen, die sich auf beiden Ufern eingefunden hatten. Nach dem Verfall der römischen Konstruktion hatten die Nijmegener fast zweitausend Jahre lang ohne Brücke auskommen müssen, aber die neue Brücke konnte sich sehen lassen. Mit einer Gesamtlänge von 604 Metern und einer Hauptüberbrückung von mehr als 240 Metern war sie damals die Bogenbrücke mit der größten Spannweite auf dem europäischen Festland. Für Nijmegen war die Waalbrücke, was das Empire State Building für New York oder der Eiffelturm für Paris ist: ein Wunder der Straßen- und Wasserbautechnik, das auch noch zur Sehenswürdigkeit wurde.

Deshalb war es auch eine grausame Fügung des Schicksals, dass diese Brücke kaum vier Jahre darauf von den Pioniertruppen des niederländischen Heeres in die Luft gejagt wurde, um im Mai 1940 den Vormarsch des deutschen Heeres zu stoppen. Es half nichts. Nijmegen standen mehr als vier Jahre Besetzung, Krieg und am 22. Februar 1944 ein katastrophales *friendly fire*, eine versehentliche Bombardierung durch die Alliierten, bevor. Die Deutschen reparierten die Brücke. 1943 war sie wieder für den Straßenverkehr befahrbar, bis sie ein Jahr darauf von denselben Deutschen fast wieder gesprengt worden wäre. Nach einer umstrittenen Überlieferung soll der 22-jährige Student Jan van Hoof diese Sprengung verhindert haben, indem er in einer heldenhaften Nachtaktion die an der Brücke angebrachten Sprengstoffladungen entschärfte. Jedenfalls fiel die Brücke am 20. September 1944 so gut wie unbeschädigt in die Hände der alliierten Befreiungstruppen.

Wer sich mit den Ereignissen zwischen 1936 und 1944 auf der und um die Waalbrücke beschäftigt, könnte meinen, dass diese Brücke in den ersten Jahren ihrer Vollendung mehr Geschichte über sich ergehen lassen musste als die von Hendrik Heuck erfundene Fähre in den vorangegangenen nahezu drei Jahrhunderten. Aber das ist eine Art optische Täuschung, der jemand, der einigermaßen über die zahlreichen Kriege, Epidemien, Belagerungen und anderen Gewalttätigkeiten informiert ist, die Nijmegen vor allem im siebzehnten und achtzehnten Jahrhundert zu überstehen hatte, nicht erliegt. Außerdem erscheint die Kriegsgeschichte der Nijmegener Waalbrücke während der deutschen Besetzung fast als Kinderspiel neben den Ereignissen um eine vergleichbare Verkehrsbrücke über den Rhein, die Arnhem seit 1935 mit dem Süden verbindet. Seit 1602 stand den Bewohnern der Stadt ein Ponton zur Verfügung, d.h. eine Reihe aneinandergebundener, quer über den Strom festgemachter Flöße, auf die Planken gelegt wurden. Besonders praktisch war das nicht, denn sobald ein Schiff den Rhein passieren wollte, musste die Brücke auseinandergeschoben beziehungsweise »geöffnet« und im Winter sogar ganz abgebaut werden, damit sie nicht von den Eisschollen beschädigt wurde.

Die Nijmegener Waalbrücke von 1936 und die Arnhemer Rheinbrücke von 1935 liegen vielleicht fünfzehn Kilometer Luftlinie voneinander entfernt, aber die alliierten Luftlandungen (Operation Market Garden) im September 1944 lehrten, dass dieser Abstand unüberwindbar sein kann. Die an dem Überraschungscoup beteiligten Briten, Amerikaner und Polen planten, von Süden her durch eine Landung hinter den deutschen Frontlinien in einem Aufwasch das Flussgebiet um Nijmegen und Arnhem zu erobern, auf diese Weise die feindlichen Truppen im Süden der Niederlande einzukesseln und anschließend mit dem Endziel Berlin östlich ins Ruhrgebiet vorzustoßen. Ein Dreh- und Angelpunkt dieser groß angelegten Operation war es, die wichtigsten Flussbrücken vor Ort zu erobern, unter anderem die Arnhemer Autobrücke über den Rhein, die, genau wie die Nijmegener, am 10. Mai 1940 aus strategischen Gründen zerstört und im Lauf des Krieges wiederaufgebaut worden war. Die Brücke von Nijmegen fiel tatsächlich den Alliierten unbeschädigt in die Hände, doch die Arnhemer Brücke erwies sich als *a bridge too far*, eine Brücke zu weit weg – eine Redewendung, die Titel eines berühmt gewordenen Buchs über den Kampf um Arnhem wurde, *A Bridge Too Far* von Cornelius Ryan, in Deutschland bekannt als *Die Brücke von Arnheim*. Mit typisch britischem und daher unübersetzbarem Humor nannte einer der Hauptakteure der Operation Market Garden, der britische Oberstleutnant John Frost, seine Darstellung des Geschehens *A Drop Too Many*, wobei der doppeldeutige Titel nicht nur auf den Tropfen Wasser zu viel verweist, sondern auch auf den Absprung, den »Drop«, der Luftlandetruppen.

Dieser Frost, mit vollem Namen John Dutton Frost (1912–1993), ging in die Geschichtsschreibung als Personifikation des heldenhaften Kampfes ein, der tagelang um die entscheidende Arnhemer Brücke geführt wurde. Einmal durfte ich dieser lebenden Kriegslegende die Hand schütteln. Er war davor in Frankreich, in Tunesien, auf Sizilien und weiter nördlich in Italien an berühmt-berüchtigten militärischen Aktionen beteiligt, erlebte jedoch in Arnhem seine Sternstunde als Soldat. Am 16. September 1978 war Frost, inzwischen Generalmajor a.D., in Arnhem dabei, als die von ihm 1944 drei Tage und vier Nächte lang gehaltene Brücke offiziell in John-Frost-Brücke umgetauft wurde. Mit einigen Hundert Mann unter seinem Befehl hatte er damals vergeblich auf den Nachschub von Munition, Medikamenten und auf die in Aussicht gestellten Truppenverstärkungen gewartet. Von der Nordseite der Brücke aus befehligte er die Kämpfe gegen die immer heftigeren Angriffe der Deutschen. Die Übermacht des Feindes, der sich nach anfänglicher Verwirrung immer koordinierter auf die Zerstörung der Arnhemer Stadtvillen in der Nähe der Brücke und die dort verschanzten britischen Einheiten richtete, wurde für Frost und seine Männer am 21. September schließlich zu groß. Der verwundete Frost geriet mit seinen verbliebenen Mannschaften in Kriegsgefangenschaft. In seinem Optimismus hatte er sich knapp eine Woche zuvor in England noch *dinner jacket* und Golfschläger einpacken lassen, die er allerdings in seiner achtmonatigen deutschen Gefangenschaft nicht brauchen sollte.

Wenn es ein Verzeichnis heroischer, aber unmöglicher militärischer Leistungen gäbe, stünde darin nicht nur der Spartaner Leonidas, der 480 vor unserer Zeitrechnung mit dreihundert Männern einen Bergpass bei den Thermopylen gegen die persische Übermacht bis zum Tod verteidigte, sondern auch Oberst Frost, der im September 1944 die Arnhemer Rheinbrücke mehrere Tage gegen eine ihn einkesselnde Übermacht halten konnte. Dass diese Brücke kaum drei Wochen später, am 7. Oktober, aus strategischen Gründen von den Alliierten bombardiert und zerstört wurde, lässt Frosts Heldentum besonders tragisch erscheinen.

In der bekannten Hollywoodverfilmung *Die Brücke von Arnheim* aus dem Jahr 1977 in der Regie von David Attenborough wird John Frost von Anthony Hopkins dargestellt. Dessen spätere Rolle als pathologischer Serienmörder in *Das Schweigen der Lämmer* lässt sich für den heutigen Zuschauer nur schwer mit dem auf Fotos erkennbaren milden Blick des 1944 erst 32-jährigen Frost vereinbaren. Die Arnhemer Brücke dagegen mit den prachtvollen Villen um den nördlichen Brückenkopf, die sich mit jedem weiteren Beschuss in schwarz verbrannte, trostlose Ruinen verwandeln, war höchst realistisch nachgebaut worden. Wer das Arnhem der Nachkriegszeit kennt, kann sich kaum vorstellen, wo diese Aufnahmen gedreht wurden. Der ganze Bereich des Nordufers, wo sich Frost und seine Männer in den Häusern verschanzt hatten, war durch die Kriegshandlungen völlig zerstört und nach dem Krieg gänzlich neu bebaut worden. Die Erklärung lautet: Die Filmaufnahmen wurden in der Stadt Deventer gedreht, deren 1943 erbaute IJsselbrücke genügend Ähnlichkeit mit der Arnhemer Rheinbrücke hat. Mindestens ebenso wichtig war der Umstand, dass der Raum um den Brückenkopf auf der Deventer Stadtseite großteils unbebaut geblieben war. Dort konnten sich Attenboroughs Kulissenbauer austoben, um die verschwundenen Arnhemer Villen erneut zum Leben zu erwecken.

Neben meiner kurzen Begegnung mit John Frost gab es eine zweite Chance, die Geschichte von *A Bridge Too Far* am eigenen Leib zu erleben. Meine Eltern wohnten Mitte der siebziger Jahre in der Nähe der IJssel bei Deventer, und so nutzte ich bei einem meiner Besuche die Gelegenheit, im Schatten der großen Bogenbrücke, die für die Arnhemer Brücke herhalten musste, einige Zeit frei und ungehindert auf dem Filmset durch die aus Holz nachgebauten Villen zu spazieren. Wenn ich blinzelte, hatte ich als zwanzigjähriger Student einen Moment das Gefühl, in das Geschehen an der Brücke geraten zu sein, die im September 1944 wenige Tage lang im Brennpunkt der niederländischen Geschichte gestanden hatte.

Aber nicht allein Kriegsgewalt kann eine Brücke zum historischen Ort machen, das beweist die Waalbrücke bei Zaltbommel. Zum Kummer vieler Liebhaber wurde im März 2007 mit dem Abriss der Brücke begonnen, die zu Recht als eine der berühmtesten niederländischen Flussbrücken galt. Wie die Nijmegener Waalbrücke und die Arnhemer Rheinbrücke gehörte die Brücke bei Zaltbommel zu dem »Rijkswegenplan«, dem Staatsstraßen-Ausbauplan von 1927, nach dessen Vorgaben bis 1943 insgesamt zwölf Bogenbrücken über die »Großen Flüsse« gebaut wurden. In und außerhalb von Zaltbommel bemühten sich Vereine, Architekturliebhaber und Freunde der überlieferten niederländischen Flusslandschaft vergeblich durch eine Reihe von Aktionen, die »Bommelse brug«, die Brücke von Zaltbommel, und damit die nach weit verbreiteter Meinung schönste der zwölf Brücken zu retten. Selbst der Raad voor Cultuur, das offizielle Beratungsorgan der niederländischen Regierung in Fragen der Kulturpolitik, trat dafür ein, die Brücke unter Denkmalschutz zu stellen, um so den Abriss zu verhindern. Der Raad rühmte die Fachwerkbrücke aus Stahl wegen ihres »hohen typologischen, architektur- und kulturhistorischen Werts«.

Doch nichts half. Der Richter, der am Ende darüber zu befinden hatte, ließ sich nicht erweichen. Ende August 2007 wurden die letzten Brückenreste mit großen Hebekränen auf Pontons im Fluss von ihren Sockeln gehoben und im Deichvorland deponiert, wo sie anschließend in Stücke zersägt und abtransportiert wurden. Schon seit 1996 gab es allerdings unmittelbar neben der alten Brücke von 1933 eine nagelneue, moderne Schrägseilbrücke mit an vier gigantischen Trägern befestigten Stahlseilen. Ein spektakulärer Anblick in der Landschaft, demgegenüber die alte Brücke, über die seit Jahren weder Autos noch Räder fuhren, schmachvoll den Kürzeren zog.

Ohne den zahlreichen engagierten Aktivisten für den Erhalt dieser Brücke und ihren edlen Rettungsversuchen zu nahetreten zu wollen, gebietet es doch die Ehrlichkeit, anzuerkennen, dass der wichtigste Grund für die unglaubliche Beliebtheit dieser alten Brücke bei Zaltbommel weder landschaftlicher, architektonischer noch kulturhistorischer Natur war. Sondern es handelte sich um nichts anderes als um mehr oder weniger literarische Empfindungen, die hier eine ausschlaggebende Rolle spielten. 1934, ein Jahr nach der Eröffnung, kam nämlich einer der größten niederländischen Dichter des zwanzigsten Jahrhunderts angereist, um die Brücke bei Bommel in Augenschein zu nehmen. Und zwar Martinus Nijhoff (1894–1953), der sich von der damals nagelneuen Brücke zu seinem später berühmtesten Sonett inspirieren ließ. Es hieß »De moeder de vrouw« (Mutter und Frau) und wurde noch im selben Jahr in seinen Gedichtband *Nieuwe gedichten* aufgenommen:

Die Brücke bei Bommel

Ich ging nach Bommel, um die Brücke zu besehn.
Ich sah die neue Brücke. Beide Uferseiten,
die bislang trachteten, einander zu vermeiden,
wurden nun wieder Nachbarn. Es dauerte wohl zehn

Minuten, dass ich dort lag im Gras, den Tee getrunken,
den Kopf voll von der Landschaft weit und breit,
als eine Stimme mich aus der Unendlichkeit
berührte, eine andere hat einst so geklungen.

Die Stimme einer Frau, sie steuerte das Schiff,
kam unter jener Brücke langsam durchgefahren.
Sie stand allein an Deck, das Ruder fest im Griff.

Ich hörte, wie sie sang, und dass es Psalmen waren.
O, dachte ich, o, sänge doch nur meine Mutter dort:
Gott sei gelobt, möge dich seine Hand bewahren.

Wie der Titel suggeriert, handelt dieses Gedicht letzten Endes von der Mutter des Dichters, aber ihr Auftauchen in einem Erinnerungsbild wird unvergesslich von der Szene einer Schiffersfrau heraufbeschworen, die einen Rheinkahn unter der Brücke von Zaltbommel durchsteuert. Zwar war Nijhoffs Mutter Johanna Alida Seijn 1934 bereits geraume Zeit tot (1927 verstorben), doch mit dem unerwarteten Tod von Nijhoffs einzigem, jüngeren Bruder, der 1932 in Niederländisch-Indien an Typhus starb, hatte der Tod in der Familie der Nijhoffs abermals zugeschlagen. Der Dichter war sicherlich von der dominanten Fürsorglichkeit und der starken religiösen Neigung der Mutter beeinflusst. Bei der Heilsarmee organisierte sie als Soldatin die musikalische Gestaltung der Gottesdienste und führte mit Kinderchören selbstgeschriebene Singstücke auf. In höherem Alter wurde sie zur überzeugten Katholikin. Vor diesem religiösen Hintergrund ist die Assoziation der Mutterfigur aus dem Titel mit der Psalmen singenden Schiffersfrau im Gedicht also nicht sehr weit hergeholt.

Für Kenner der niederländischen Dichtung liegt der besondere Reiz dieses Gedichts in der bemerkenswerten Kombination eines parlando-artigen Tons mit dem fast exstatisch religiösen Bild der singenden Mutter. Mit seiner Verwendung der Alltagssprache war Nijhoff seiner poetischen Zeit eindeutig weit voraus. Für das große Publikum trug gerade die scheinbar mühelose Verknüpfung der beiden Ursymbole des Gedichts, der Brücke und der Mutter, zu seiner anhaltenden Beliebtheit bei. Die Tatsache, dass der Ort, der den Dichter zu diesem Gedicht inspiriert hatte, noch für jedermann zugänglich war – unzählige Autofahrer fuhren schließlich Jahr für Jahr über die Brücke, die eine wichtige Verbindung zwischen dem Norden und dem Süden der Niederlande darstellte –, machte für viele Generationen von Lyriklesern »die Brücke bei Bommel« zu einem ganz besonderen Ort. Sie war ein Wallfahrtsort, den man gezwungenermaßen sehr schnell passierte, aber nie, ohne auf der Brücke kurz an Martinus Nijhoff zu denken.

Das Gedicht »De moeder de vrouw« ist für mein Gefühl so stark mit dem Anblick der Flusslandschaft verknüpft, dass ich immer kurz daran denken muss, wenn ich von weitem eine Brücke über die Waal, die Maas, den Rhein, den Lek oder die IJssel sehe. Oder wenn ich mit dem Zug oder dem Wagen über eine der noch vorhandenen Brücken aus dem Programm des Rijkswegenplan von 1927 fahre und aus dem Fenster zwischen den Stahlstreben hindurch auf die Frachtschiffe unter mir schaue.

Mit der singenden Frauenfigur seines Gedichts beschwört Nijhoff für den Leser nicht nur seine eigene Mutter herauf, sondern führt uns, so der Titel des Gedichts, eine allgemeine Schutzpatronin vor Augen, die uns schon bei unserer ersten Überfahrt aus dem Mutterschoß ins Leben behütet und anspornt, darauf zu vertrauen, dass Gott uns bei der noch viel gefährlicheren Überfahrt vom Leben in den Tod behüten wird.

Kapitel 13 EINE INSEL ALS ENTSCHÄDIGUNG

Zwei der größten Wüstenreisenden des zwanzigsten Jahrhunderts, der Brite Wilfred Thesiger und der ungarische Graf László de Almásy, hatten eine völlig gegensätzliche Vorstellung davon, wie man am besten in der Wüste unterwegs ist. Unabhängig von den Ausgangsbedingungen blieb Thesiger der altbewährten Art des Wüstentransports mit Kamelen treu. Almásy dagegen glaubte an den Fortschritt. Er entschied sich mit voller Überzeugung für die Motorkraft. Es ist eine Ironie des Schicksals, dass der »Naturreisende« Thesiger bis ins hohe Alter – er starb mit 93 Jahren – als hochgeachteter Forscher und Reisender in der unerträglichen Hitze der Arabischen Wüste aktiv war, während Almásy lediglich als der fiktionalisierte Antiheld von Michael Ondaatjes Roman *Der englische Patient* und der anschließenden Verfilmung in die Annalen einging und mit 55 Jahren ein tragisches, ruhmloses Ende fand.

Die Niederlande haben keine Wüsten – ganz im Gegenteil, überall ist mehr Wasser, als uns lieb ist –, aber trotzdem gibt es ein Zipfelchen Niederlande, das sich bewusst für die traditionelle Art des Transports und gegen den motorisierten, stinkenden, lärmenden Autoverkehr entschieden hat. Faktisch besteht dieses Fleckchen Niederlande zu einem nicht geringen Teil aus großen Sandflächen, so dass einen bei kräftigem Wind doch gelegentlich das Gefühl überkommt, in einer Art Wüste zu laufen. Dann verschwindet man beinahe in Sandschwaden, und wenn man im Sommer sein Badetuch auf den Strand legt, ist es binnen weniger Minuten völlig von Sand bedeckt, der über den ebenen, festen Strandboden stiebt.

Ich spreche vom breitesten Strand der Niederlande, zigmal breiter als die mitunter schmalen, winzigen Strände, mit denen man sich als Spaziergänger oder Badegast in Zeeland, Zuid- und Noordholland begnügen muss. So weit erstreckt sich der Strand, so breit und unermesslich ist er hier – vor allem bei Ebbe –, dass der niederländische Dichter Micha Hamel behauptete, hier sei der einzige Ort in den Niederlanden, wo man mit geschlossenen Augen Rad fahren könne. Das ist dann wieder eine unverhoffte Parallele zur Wüstenwirklichkeit, die für Almásy »der vollkommenste Ausdruck totaler Freiheit« war, wo sich das Heulen des Windes mit »dem geheimnisvollen Seufzen der Sanddünen« vermische.

Schiermonnikoog, um diese Insel handelt es sich. Sie ist die kleinste der niederländischen Watteninseln, zumindest die kleinste der bewohnten. Östlich davon liegen die noch kleineren Inseln Simonszand, Rottumerplaat und Rottumeroog, aber die sind kaum mehr als aus dem Wasser emporragende Sandbänke. Noch weiter entfernt liegen die deutschen und anschließend die dänischen Watteninseln. Westlich erstrecken sich hintereinander Ameland, Terschelling, Vlieland und Texel. Auch sie können schöne Landschaften vorweisen, sind aber irgendwie niederländischer, weil sie in stärkerem Maß der Landwirtschaft, dem profitablen Tourismus oder, wie im Falle Terschellings, der Popularität eines alljährlich stattfindenden Sommerfestivals geopfert wurden, zu dem mehr als 50 000 Besucher pilgern, um eine geschlagene Woche lang Musik, Theater, Essen und Trinken zu genießen.

Vor allem in der Sommersaison zieht Schiermonnikoog natürlich auch Ferienwohnungsbesitzer, Besucher und Tagestouristen an, aber als Nationalpark ist die Insel doch in erster Linie Naturschutzgebiet, mit Vogelbrutgebieten, mit Salzwiesen, Ländereien und ausgedehnten Wander- und Radwegen. Und bis auf ein paar Taxis und drei Busse sieht man kaum ein Auto fahren, denn Autos sind auf der Insel nicht willkommen. Wer sich fragt, woher diese unniederländische Atmosphäre und natürliche Ruhe auf Schiermonnikoog kommt, ist höchst verwundert, wenn er sich mit der älteren und jüngeren Inselgeschichte beschäftigt. Dabei stellt sich nämlich heraus, dass Schiermonnikoog ursprünglich nicht zu den Niederlanden gehörte und der niederländische Staat sich dieses wunderbare Eiland auf höchst zweifelhafte Weise angeeignet hat.

Eine Person, die diese Beschlagnahme bis zum letzten Atemzug bedauerte, war die 2007 achtzigjährig verstorbene Ursula Gräfin von Bernstorff, geborene Isernhagen. In der Traueranzeige im *Hamburger Abendblatt*, wenige Tage nach ihrem Tod, war zu lesen, dass der Trauergottesdienst am 2. März 2007 in der Kirche zu Groß Flottbek in Hamburg stattfinden werde. Gleich darunter war folgende Bekanntmachung gesetzt: »Die Urnenbeisetzung erfolgt auf dem Friedhof in Schiermonnikoog, Niederlande.« Vor allem dieser letzte Zusatz – »Niederlande« – ist herzzerreißend, denn die Gräfin war die Witwe des letzten deutschen Eigentümers der Insel, Bechtold Eugen Graf von Bernstorff, der am 23. November 1987 gestorben war. Der hatte die Insel 1939 von seinem Vater Georg Ernst August Graf von Bernstorff geerbt, musste allerdings nach dem Ende der deutschen Besetzung erleben, dass sich der niederländische Staat seine Insel, unter Berufung auf den 1944 von der niederländischen Exilregierung in London ausgearbeiteten »Besluit Vijandelijk Bezit«, den Beschluss über feindliches Eigentum, mit einem Federstrich angeeignet hatte – gewissermaßen als Entschädigung für den von Nazi-Deutschland den Niederlanden zugefügten Schaden. Bis an sein Lebensende versuchte der Graf, diese Enteignung rückgängig zu machen, jedoch vergeblich.

Am 12. Juni 2007 wurde die Asche der Gräfin im Familiengrab auf dem Friedhof der 1866 erbauten großen Kirche Got Tjark auf der Schiermonnikoog beigesetzt, nachdem zuerst in der Kirche im Beisein einiger deutscher Verwandter und einer handverlesenen Gesellschaft von Inselbewohnern ein Gottesdienst gehalten worden war. Das ordentlich gepflegte Familiengrab ist der einzige Fleck auf Schiermonnikoog, von dem die Bernstorffs noch mit Fug und Recht behaupten können, dass es ihr Eigentum ist. Der Rest der vom Wattenmeer umspülten Insel bleibt definitiv von den Niederlanden annektiert. Alle, auch die verbliebene Familie des letzten Eigentümers, haben sich damit offenbar inzwischen abgefunden, aber die Ehrlichkeit gebietet es, anzuerkennen, dass die Geschichte der Insel und seiner Besitzer über Generationen keineswegs den Schluss zulässt, dass diese kleinste und schönste Watteninsel logischerweise zum Königreich der Niederlande gehört.

Wer auf die höchste Stelle der Insel steigt, befindet sich – von den zwei Leuchttürmen aus dem Jahr 1854 einmal abgesehen – gleich auf schuldigem Boden, nämlich auf dem Dach des unzerstörbaren Wassermann-Betonbunkers, der in den Jahren 1942–1943 von der deutschen Besatzungsmacht mit Unterstützung eines Nordgroninger Bauunternehmens als Teil eines Luftaufklärungssystems gebaut wurde. Der Bunker sollte sich in eine wohldurchdachte Reihe von Radarstationen im Kampf gegen alliierte Bomber einfügen. Diese Funktion erlangte der Wassermann-Bunker jedoch nie, vermutlich infolge absichtlicher Sabotage beim Aufmessen der runden Drehkuppel auf dem Bunkerdach. Von diesem Dach aus – heute ein beliebter Aussichtspunkt der Touristen – kann man bei klarer Witterung die ganze Insel in alle Himmelsrichtungen überblicken. Rundherum sieht man das Meer, so dass sich hier das Inselgefühl optimal entfalten kann.

Nach Norden führt der heutige Prins-Bernhardweg einen Kilometer lang durch die hügelige Dünenlandschaft zur Nordsee und zum Badestrand, der vor allem bei Ebbe an einigen Stellen gut einen Kilometer breit werden kann.

In östlicher Richtung erstreckt sich die Insel in ihrer größten Länge ungefähr zehn Kilometer. Beim Blick auf einen Plan von Schiermonnikoog sieht man, dass die Insel eine perfekte Flügelform besitzt. Nicht schlecht für eine Insel, die ein ausgewiesenes Vogelreservat ist, ein Brutplatz für Möwen, Fasane, Uferschnepfen, Austernfischer, Rotschenkel und Kiebitze, aber auch für Weihen und die ver-

Blick vom Wassermann-Bunker auf die Landschaft von Schiermonnikoog.

schiedensten Entenarten. Auf den östlich gelegenen Kobbedünen hoppeln im einen Jahr Unmengen von Kaninchen, in anderen Jahren – wenn die Myxomatose wieder einmal zugeschlagen hat – begegnen dem Wanderer sehr viel weniger dieser Geschöpfe. Knapp südlich der Kobbedünen sieht man das hoch aufgeschossene Wäldchen, mit dem die schön restaurierte »Eendenkooi«, die Entenkoje der Insel, ursprünglich eine Vorrichtung zum Fangen von Wildenten, gesäumt ist.

In südlicher Richtung hat man vom Dach des Wassermann-Bunkers aus einen Ausblick auf Felder, Wattenmeer und weit in der Ferne dahinter auf die Küste des friesischen Festlands.

Westlich liegt das heutige Dorf Schiermonnikoog, das im frühen achtzehnten Jahrhundert angelegt wurde, nachdem das ursprünglich weiter westlich gelegene Dorf Westerburen von dem mitunter stürmischen Wattenmeer völlig weggespült worden war. Insgesamt verlagerte sich die Insel durch die Turbulenzen von Wasser und Sand in den vergangenen Jahrhunderten sicherlich um 2,5 Kilometer nach Osten, ein Phänomen, das man als »Wandern« bezeichnet und das auch bei den anderen Watteninseln zu beobachten ist. Wer weiß, vielleicht bewegt sich Schiermonnikoog auch heute noch ganz langsam aus eigenem Antrieb auf Deutschland zu wie ein Hund, der zu seinem Herrn zurückkehrt. Das heutige Dorf Schiermonnikoog zählt kaum mehr als tausend ständige Bewohner, eine magere Zahl, verglichen mit den 300 000 Touristen, die alljährlich auf der Insel Quartier nehmen. Trotzdem verlieren sich die großen Touristenströme ziemlich selbstverständlich in der Landschaft. Sie verteilen sich mit ihren Zelten auf Bauernhöfe, auf den Campingplatz, die Strände und versteckt gelegene Badeseen. Nur abends trifft man viele von ihnen in den zwei großen Hotels der Insel und in deren Umgebung wieder: in dem altmodischen Familienhotel *Van der Werff*, das sich rühmt, nie etwas an seinem Charakter, seiner Inneneinrichtung oder am Gebäude selbst zu verändern, und in dem Apartmenthotel Bernstorff, einer modernen, mehr bürgerlichen Luxus bietenden Anlage.

Das älteste Haus des Dorfs, es heißt Marten, liegt an der Middenstreek und stammt aus dem Jahr 1721. Davor, so berichten Urkunden aus dem vierzehnten und fünfzehnten Jahrhundert, war die Insel im Besitz von Zisterziensermönchen des Klosters Claerkamp in der Nähe des friesischen Rinsumageest. Ihnen, den grauen (»schiere«) Mönchen, verdankt die Insel ihren Namen. Nach der Reformation, gegen Ende des sechzehnten Jahrhunderts, fiel sie an die »Staaten von Friesland«, denen dieser Besitz mehr Ärger als Freude einbrachte. Deshalb beschlossen sie, Schiermonnikoog zu verkaufen, ein Beschluss, der mit den üblichen juristischen Verwicklungen in den Jahren 1638–1640 umgesetzt wurde. Neuer Eigentümer wurde Johan Stachouwer, dessen Nachkommen bis 1795 auch weitgehend die politische Herrschaft über die Insel ausübten, das heißt nicht allein die Exekutive, sondern auch die Gesetzgebung und Gerichtsbarkeit innehatten. Die damals schon mehr als 1000 Einwohner arbeiteten überwiegend in der Fischerei und bei der Handelsschifffahrt. Doch auch die Familie Stachouwer scheute am Ende die enormen Investitionen, die für einen neuen wirtschaftlichen Aufschwung der Insel notwendig gewesen wären, z. B. für Reparatur und Unterhalt der Wehre und der Schiffsanlegeplätze.

Daher verkaufte die Familie 1858 ihren Besitz an den Juristen und Schriftsteller John Eric Banck aus Den Haag. Der 1833 in der Stadt Surabaya auf der Insel Java geborene Banck wurde von seinen Eltern zur Ausbildung in die Niederlande geschickt. Er studierte und promovierte in Leiden und war dort unter anderem mit dem berühmten Studenten und Dichter Piet Paaltjens (das Pseudonym von François Haverschmidt) befreundet. Nach dem Universitätsstudium kehrte Banck für einige Jahre nach Java zurück; danach wurde er Richter in Den Haag. Er muss ziemlich wohlhabend gewesen sein, denn schon als Fünfundzwanzigjähriger kaufte er der Familie Stachouwer die Insel Schiermonnikoog für die damals relativ hohe Summe von 96 055 Gulden ab. Neben seiner juristischen Karriere schrieb er zahlreiche Gedichte und Bühnenstücke; seine Vorliebe galt historischen Themen. In seinen Gedichten findet man Verse, in denen er seine Liebe zu Strand, Meer und der Natur ganz allgemein in Worte fasst. Unvergessen ist er jedoch nicht als Jurist oder Schriftsteller, sondern wegen seiner Investitionen und der Verbesserungen, die er als Herr von Schiermonnikoog durchsetzte.

Banck kaufte ein Schiff als Sommerfährverbindung zwischen der Groninger Küste und Schiermonnikoog. Er ließ die Inseldünen mit Helmgras bepflanzen, um die Sandverwehungen zu bekämpfen, und es gelang ihm, genügend Investoren für den Bau eines Badehotels der Luxusklasse auf der Nordseite der Insel zu finden. Seit der feierlichen Eröffnung 1887 stellte das Hotel jahrelang eine Touristenattraktion dar, bis es 1923 bei einem starken Dünenabbruch vom Meer verschlungen wurde. Banck erstellte auch ein Verzeichnis der Gästezimmer, die von den Inselbewohnern vermietet wurden. Er bewies soziales Engagement, indem er gelegentlich Kinder aus armen Festlandfamilien in seine Residenz auf der Insel, *Huis Rijsbergen*, zu einer Sommerfrische einlud.

Die wichtigste und nachhaltigste Maßnahme Bancks war jedoch der Bau eines Polderdeichs an der Südküste der Insel. Der daraus entstandene Polder, auf dem noch immer ein Dutzend Bauernbetriebe etwa 400 Hektar Binnendeich-Weideland und Maisfelder bebauen, trägt bis heute seinen Namen. Gegen Ende seines Lebens fasste Banck den Entschluss, seine geliebte Insel zu verkaufen. Für den Betrag von 200 000 Gulden ging Schiermonnikoog 1892 an ihren neuen Eigentümer Hartwig Arthur Berthold Graf von Bernstorff, den Spross eines alten Adelsgeschlechts, das ursprünglich aus Mecklenburg stammte und sich im Laufe des siebzehnten, achtzehnten und neunzehnten Jahrhunderts zu einer überaus einflussreichen Familie entwickelt hatte. Der Militärhistoriker Eckardt Opitz gab einer kleinen Studie über die Familie sogar den Untertitel »Eine europäische Familie«, und damit ist nicht zu viel gesagt.

Dieses Geschlecht brachte eine Unzahl von Politikern und Diplomaten hervor, und in jeder Generation sind einige hervorragende Juristen zu finden. Zum Beispiel lieferten im ausgehenden achtzehnten und zu Beginn des neunzehnten Jahrhunderts drei Mitglieder der Familie Bernstorff einen bedeutenden Beitrag zur Gründung des Staates Dänemark, dem sie danach auch als Minister wichtige Dienste erwiesen. Ein späterer Bernstorff, Albrecht der Ältere, war preußischer Botschafter auf dem für sein Land so wichtigen Posten Wien und später in London; dazwischen war er auch noch Außenminister. Johann Heinrich Graf von Bernstorff war von 1908 bis 1917, bis zum Eintritt Amerikas in den Ersten Weltkrieg, Botschafter in den Vereinigten Staaten. Auch in London bemühte sich ein Bernstorff (Albrecht der Jüngere) seit 1920 als Diplomat um die Normalisierung der internationalen Beziehungen zu seinem Land, eine Anstrengung, der Hitlers Machtergreifung 1933 für viele Jahre ein Ende bereitete. Im Mai 1940 wurde Albrecht aus politischen Gründen verhaftet. Er kam zunächst in das Konzentrationslager Dachau und anschließend nach Ravensbrück. Wegen des Verdachts der Teilnahme an der Verschwörung gegen den von ihm verabscheuten Adolf Hitler wurde er endlos verhört, gefoltert und schließlich am 23. April 1945 von einem Mordkommando umgebracht. Kurzum, die Bernstorffs waren über viele Generationen eine distinguierte, alles in allem vorbildliche Familie, von der Schiermonnikoog nur Gutes zu erwarten hatte.

1906 übergab Graf Hartwig von Bernstorff die Insel seinem Sohn Georg Ernst August. Nach dessen Tod 1939 kam sie dann in den Besitz des bereits erwähnten Enkels Bechtold Eugen, dem letzten Privateigentümer der Insel. Mit allen Kräften setzten die Bernstorffs John Eric Bancks gute Taten auf der Insel fort: Sie ließen einen Nadelwald anpflanzen, um die Nachfrage nach Holz zu befriedigen, und zweifellos auch, um dort zu jagen, und sie ließen an der Südküste der Insel einen Fährdamm anlegen, der heute als Jachthafen dient.

Leider gerieten die guten Taten der Bernstorffs auf Schiermonnikoog durch die grausamen Verbrechen ihrer Landsleute während der deutschen Besetzung zwischen dem 10. Mai 1940 und dem 5. Mai 1945 in den restlichen Niederlanden völlig in Vergessenheit. Graf Bechtold hielt sich von Verbrechen fern. Selbst mit den insgesamt knapp achthundert im Krieg auf der Insel stationierten deutschen Soldaten wollte Bernstorff nicht viel zu tun haben. Er soll sogar wiederholt die Gelegenheit ergriffen haben, seinem eigenen Personal und anderen Inselbewohnern in Notsituationen beizustehen. Diese Wohltaten wurden ihm nicht vergolten.

Seit den zwanziger Jahren hatte die niederländische Regierung alles darangesetzt, Schiermonnikoog in ihren Besitz zu bekommen. Das war ihr nicht gelungen, doch nach der Befreiung, die für Schiermonnikoog erst am 11. Juni 1945 Realität wurde, ergriff die Regierung die Gelegenheit beim Schopf und zwang Bernstorff, die Insel abzutreten. Ungeachtet der lebenslangen, allerdings vergeblichen Bemühungen des letzten Eigentümers, seinen rechtmäßigen Besitz wieder zurückzubekommen, gilt die Insel als Teil des Königreichs der Niederlande. Für die Bernstorffs war das besonders schmerzlich, weil es ihnen mit ihren Familiengütern im Osten, die nach dem Krieg auf DDR-Hoheitsgebiet lagen, nicht viel besser erging. Das Familienschloss in Wehningen östlich der Elbe wurde mit denselben Argumenten von den Kommunisten konfisziert und schließlich abgerissen. Von diesem Schloss stehen heute nur noch ein kümmerliches Torgebäude und die Trümmer des Schlossparks. Auch Stintenburg, das herrlich auf einer Halbinsel im Schaalsee an der Grenze von Schleswig-Holstein und Mecklenburg-Vorpommern gelegene Landgut der Familie, wurde bereits im »Dritten Reich« konfisziert und blieb auch nach Kriegsende beschlagnahmt; schließlich wurde es als Kaserne der DDR-Grenztruppen genutzt. Nach der Wende bekamen die Bernstorffs ihr Stintenburg zurück, doch in den Niederlanden erging es der Familie bei ihren Versuchen, ihr Eigentum zurückzufordern, weniger gut. Der Schadensersatz, den der inzwischen hochbetagte Bechtold Eugen nach langem Hin und Her 1983 – vier Jahre vor seinem Tod – von der Bundesrepublik Deutschland für seine vom niederländischen Staat gestohlene Insel erhielt, betrug 80 000 D-Mark (etwa 40 000 Euro), ein Betrag, für den man damals vielleicht gerade ein kleines Ferienhäuschen auf der Insel hätte kaufen können.

Genießt man vom Dach des Wassermann-Bunkers aus den freien, weiten Himmel der unverdorbenen Insel Schiermonnikoog, könnte einem vielleicht dieses merkwürdige Unrecht in den Sinn kommen, bei dem eine Privatperson für die Verbrechen des Landes büßen muss, dessen Untertan sie allein durch Geburt ist, an dessen Verbrechen sie jedoch keinerlei Anteil hatte. Die Rückgabe der vom niederländischen Staat nach dem Krieg für die Rijkscollectie (Reichssammlung) beschlagnahmten Kunstgegenstände kam vor einigen Jahren schließlich doch noch in Gang. Ob dies aber auch je für die von den Niederlanden den Bernstorffs geraubte Insel Schiermonnikoog der Fall sein wird, steht in den Sternen.

Hätte doch die Welt nur auf den Hotelbesitzer Sake van der Werff gehört! Der ergriff 1938 die Initiative zum zweifellos kühnsten Plan einer Friedenskonferenz, der je von einem Niederländer erdacht wurde. Von seinem kleinen Büro im stillen Hotel van der Werff aus verschickte er Einladungen an den britischen Premierminister Neville Chamberlain, an Adolf Hitler, an den belgischen König Leopold III., an Präsident Roosevelt und an seine Königin Wilhelmina. Er war fest davon überzeugt, dass ein Gipfeltreffen auf der abgeschiedenen, inspirierenden Insel Schiermonnikoog den Weltfrieden gewährleisten könnte. Aus Downing Street erhielt van der Werff, wie es sich gehört, eine Antwort mit Dank für seinen guten Willen, der »eine Quelle großer Kraft« sei. Der König der Belgier zeigte sich »tief berührt von den Gefühlen, die Sie zum Ausdruck gebracht haben«, konnte allerdings die Einladung trotzdem leider nicht annehmen. Der Führer hatte vermutlich Schlechteres zu tun und reagierte überhaupt nicht. Und auch das niederländische Außenministerium hielt schon damals nichts von eigenwilligen Schrullen und wies van der Werff an, sich jeglicher Aktivitäten zu enthalten, die die niederländischen politischen Interessen gefährden könnten.

Diese idealistische Initiative eines Hotelbesitzers aus Schiermonnikoog erscheint einem wie ein bizarres Hirngespinst, und dennoch ist der Gedanke einer Wattenmeer-Konferenz mit den Regierenden von 1938 sehr viel attraktiver – und gehört mehr in den Bereich des Vorstellbaren – als das, was die Geschichte in den darauf folgenden Jahren als Wirklichkeit produzierte.

Kapitel 14 WORIN EIN KLEINES GEMÄLDE GROSS SEIN KANN

Wie konnte *Die Nachtwache* von Rembrandt van Rijn nur zum niederländischen »Nationalgemälde« werden? Eben das ist *Die Nachtwache:* das berühmteste, am meisten besuchte, am öftesten reproduzierte Gemälde, das unser Land – wie das so schön heißt – hervorgebracht hat (obwohl Länder im Grunde gar nichts hervorbringen und schon gar keine Kunst). Es ist ein Bild, das jeder – ob jung oder alt – sofort mit der glorreichen Geschichte der Niederlande im siebzehnten Jahrhundert identifiziert. *Die Sonnenblumen* und *Die Kartoffelesser* von Vincent van Gogh sind ebenfalls sehr bekannt, aber nicht zu nationalen Ikonen aufgestiegen: Das erste ist dafür zu französisch, das zweite zu provinziell. Mit der *Nachtwache* dagegen möchte jeder in den Niederlanden seit mehr als 350 Jahren gern in Verbindung gebracht werden. Mehr als eine Million Touristen strömen Jahr für Jahr ins Amsterdamer Rijksmuseum, um dieses Bild zu sehen. Mancher niederländische Besserwisser kann einem erzählen, dass die riesige Leinwand (3,63 Meter Höhe auf 4,37 Meter Breite) eigentlich nicht *Die Nachtwache* heißt, sondern *Die Kompanie des Hauptmanns Frans Banning Cocq und des Leutnants Willem van Ruytenburch.* Und der ehemalige Direktor des Rijksmuseum Henk van Os bezeichnet *Die Nachtwache* sogar als »das nationale Hauptaltarbild«.

Rembrandt malte dieses sogenannte Schützenstück zwischen 1639/1640 und 1642 im Auftrag einer Schützenkompanie möglicherweise unter einem Schutzdach im Garten hinter seinem Haus in der Jodenbreestraat (in dem sich heute das als Rembrandthaus bekannte Museum Het Rembrandthuis befindet). Das Bild sollte im großen Saal ihres, wie man heute sagen würde, Vereinskasinos aufgehängt werden. Anschließend kam das Gemälde ins Amsterdamer Rathaus, das heutige Paleis op de Dam, der Königspalast. Bei dieser Gelegenheit wurden der linke, der obere und der rechte Bildrand beschnitten, so dass das Bild fast 20 Prozent kleiner wurde. Später wurde es ins Trippenhuis am Kloveniersburgwal überführt, um schließlich 1885 ins neu erbaute Rijksmuseum gebracht zu werden. Hier hält man es bis heute als das bekannteste aller vaterländischen Prachtstücke in Ehren, eine Dauerleihgabe des Besitzers, der Stadt Amsterdam. Wenn sich irgendetwas mit dem Gemälde tut – ein Angriff darauf, eine Restaurierung, eine vorübergehende Schließung des Saals, in dem es hängt –, dann wird das jedes Mal zum Aufmacher der großen Zeitungen des Landes. *Die Nachtwache* ist zum nationalen Sinnbild unserer historischen Identität geworden. Die Rückkehr des Gemäldes 1945, nachdem es in einer Höhle in Süd-Limburg gut drei Jahre vor den deutschen Besetzern versteckt worden war, fällt in dieselbe Kategorie wie die Rückkehr von Königin Wilhelmina, die mit ihrer Familie und ihrem Kabinett vor den anrückenden Deutschen nach London geflohen war.

Aber was ist eigentlich das Niederländische an der *Nacht-*

wache? Angenommen, das Bild wäre von Velazquez gemalt und trüge den Titel *Die Kompanie des Hauptmanns Alfonso Tiburon de Mendoza und des Leutnants Victor Francés*, und es würde den Ehrensaal ihrer madrilenischen Kaserne schmücken, käme es einem dann nicht plötzlich wie ein besonders spanisches Gemälde vor? Genau genommen ist nichts ausgesprochen Niederländisches an dem Bild, wenn man einmal von dem für viele erkennbaren Clair-obscur des größten niederländischen Meisters in der Malerei des siebzehnten Jahrhunderts absieht (und von dem winzig klein gemalten Amsterdamer Stadtwappen auf dem Revers von Leutnant van Ruytenburch, aber das ist mit bloßem Auge kaum zu erkennen).

Auf dem Gemälde wird kein irgendwie historisch bedeutendes Ereignis wiedergegeben, auch keines unserer typischen nationalen Symbole – das Wasser, das flache Polderland, der Kampf gegen die Fremdherrschaft – lässt sich darauf entdecken. An die dreißig Personen werden dargestellt – sechzehn haben es sich etwas kosten lassen, von einem der gefragtesten Künstler ihrer Zeit porträtiert zu werden. Im Schnitt blätterten sie hundert Gulden pro Nase auf den Tisch, um sich einen Platz auf diesem Gruppenporträt zu sichern. Rembrandt hat dieses Gruppenbildnis technisch und kompositorisch meisterlich angelegt und ausgeführt, dazu in einem Riesenformat, aber das erklärt noch nicht, warum ausgerechnet dieses Gemälde – unter unzähligen anderen im siebzehnten Jahrhundert in den nördlichen Niederlanden gemalten Bildern – zum Markenzeichen unserer nationalen Kunstgeschichte dieser Zeit schlechthin geworden ist.

Wer aus dem Œuvre des großen Rembrandt das eine Gemälde herauspicken wollte, das die niederländische historische Identität am besten zum Ausdruck bringt, würde sich eher für das grandiose Gemälde von der Verschwörung des Julius Civilis entscheiden, das aber unglücklicherweise im Nationalmuseum in Stockholm hängt. Hätten wir jedoch, wie früher die Griechen mit ihrer Melina Mercouri, einen stolzen und national gesinnten Kultusminister, dann hätten die Niederlande schon seit Jahren an die Tür des schwedischen Regierungssitzes gehämmert, um genau dieses Gemälde an den Ort zurückzubringen, für den es ursprünglich gedacht war: in die Galerie des heutigen Königspalastes auf dem Amsterdamer Dam. Denn auf diesem Bild wird großartig gezeigt, wie die Bataver ihren Aufstand gegen die römische Zwangsherrschaft planen, eine Szene, die von der patriotischen Phantasie leicht als Präfiguration des späteren Widerstands gegen die spanische, französische und deutsche Fremdherrschaft aufgefasst werden könnte. Hier handelt es sich um ein wirklich kanonisches Gemälde. Aber *Die Nachtwache*?

Jedenfalls nahm 2006 eine staatliche Kommission der Niederlande unter Vorsitz des Mediävisten Frits van Oostrom *Die Nachtwache* als einziges Gemälde in die Liste der fünfzig Themen auf, die den neuen kulturhistorischen Kanon des niederländischen Schulsystems bilden sollen. Auch in der Beliebtheitsskala wird das Bild als unübertreffbare Inspirationsquelle genannt. Auf dem Amsterdamer Rembrandtplein steht seit 2006, dem vierhundertsten Geburtsjahr des Malers, eine dreidimensionale, in Bronze gegossene Skulpturengruppe *Die Nachtwache*, die noch immer Touristen, aber auch Vandalen inspiriert: die einen, sich selbst beziehungsweise gegenseitig neben den Figuren zu fotografieren (fotografieren zu lassen), die anderen, die Figuren zu demolieren. Zudem wurde bei der Eröffnungsfeier der Juniorenfußball-WM in Kerkrade 2005 von 26 Personen eine Art kostümiertes Bewegungstheater aufgeführt, das – richtig! – mit der *Nachtwache* endete. Ein deutlicheres Zeichen massenhafter, vom Volk mitgetragener Kanonisierung eines Gemäldes lässt sich kaum denken, und dazu kommen noch Abertausende Ansichtskarten, T-Shirts, Trinkbecher, Platzdeckchen und Poster.

Vielleicht steckt ein rein ästhetisches Element hinter der Anerkennung eines bestimmten Kunstwerks als Symbol der nationalen Identität: Das schönste Bild würde demnach ganz von selbst auch für das repräsentativste gehalten. Wahrscheinlich war es auch das Alltägliche dieser Schützenkompanie, das die breite niederländische Identifikation mit diesem Kunstwerk unterstützte. Es sind keine unerreichbar fernen Könige und Prinzen darauf dargestellt, keine Adeligen, die sich durch das Recht ihrer Geburt weit über das gewöhnliche Volk erhaben glaubten. Wir sehen nicht eine gut betuchte Einzelperson, sondern verschiedene Menschen aus der Stadt, wie du und ich, Mitglieder einer Art Rotaryclub avant la lettre, die gemeinsam beschlossen haben, sich porträtieren zu lassen. Wenn Sie damals zur Stelle gewesen wären und auch ein bisschen Geld auf der hohen Kante gehabt hätten, könnten auch Sie mit dabei sein. Das ist ein wunderbar egalitärer Fakt, der möglicherweise schon seit Jahrhunderten stillschweigend zu der ausnehmend hohen Wertschätzung dieses Gruppenporträts beigetragen hat.

Was bei der unbestrittenen nationalen Vorliebe für dieses Bild als charakteristisches Tableau unserer (Kunst)Geschichte vielleicht auch mit eine Rolle spielt, ist die Tatsache, dass es in den Niederlanden nicht von allen möglichen Ereignissen und historischen Episoden mit Symbolcharakter qualitativ hochwertige Gemälde gibt, die sich mit dem Status von Rembrandts *Nachtwache* messen könnten. Von den großen Eindeichungsprojekten des siebzehnten Jahrhunderts, mit denen sich die Republik der Niederlande weltweit Ruhm erwarb, gibt es meines Wissens keine bedeutenden zeitgenössischen Gemälde. Oder von der Anlage der Amsterdamer Grachten, die weltweit für viele als Wunder der Stadtarchitektur gelten. Wo ist der niederländische Canaletto, der »das Venedig des Nordens« in seiner Blütezeit verewigt hätte? Sogar vom Bildersturm des Jahres 1566, der indirekt den Aufstand gegen Spanien einläutete, von der Befreiung Alkmaars 1573, mit der die Vertreibung der Spanier aus den Niederlanden begann, oder vom Mord an Wilhelm von Oranien 1584 sind nur unbedeutende Gemälde bekannt. Die einzige Ausnahme bilden die zahlreichen Darstellungen berühmter Seeschlachten des siebzehnten und achtzehnten Jahrhunderts von Malern wie Willem van de Velde dem Älteren.

Der Grund für das Fehlen erstrangiger Darstellungen von großen Ereignissen ist vermutlich nicht darin zu suchen, dass die Maler diese Themen nicht interessant gefunden hätten, sondern dass es für solche Bilder keinen Markt gab. Denn unser damals republikanisches Land hatte ja keinen absoluten Fürsten mit einem reichen Hofleben, also auch keine hauptamtlichen Künstler, die auf Kosten ihrer königlichen oder aristokratischen Schutzherren hätten liefern können, sondern jeder Maler hatte sich nach dem Geschmack derer zu richten, die bei ihm Werke in Auftrag gaben oder die sich Werke kaufen konnten. Und das Geld besaßen und besitzen in den Niederlanden nun einmal die Kaufleute, die vor allem stolz auf sich selbst sind und vielleicht ein ganz klein wenig auf die Kaufmannschaft insgesamt, aber in der Regel weniger auf historische und nationale Ereignisse, die das gesamte Land betreffen. Die Männer der Kompanie von Frans Banning Cocq und Willem van Ruytenburch, die sich in der *Nachtwache* gegen die Bezahlung von insgesamt 1600 Gulden porträtieren ließen, handelten zum großen Teil in Hanf, Tuch, Wein und Spezereien – nur die beiden Namensgeber der Kompanie machten in der Amsterdamer Stadtverwaltung Karriere. Aber auch sie waren Söhne von Kaufleuten, der eine war der Sohn eines Drogeriewarenhändlers, der andere der eines Gewürzhändlers.

Dieser kommerzielle Einschlag in der Geschichte unserer bildenden Kunst brachte es mit sich, dass die niederländische Malerei ihren Beitrag zur nationalen Identität häufig auf einem Umweg liefert, durch eine Szene, die an sich nichts besonders Interessantes zeigt (eine Schützenkompanie, das Innere einer Wirtshausstube, eine Gasse in Delft, ein Mädchen, das Milch in eine irdene Schale gießt). Trotzdem handelt es sich oft um Szenen, die gerade wegen ihres häuslichen und unspektakulären Charakters – im Zusammenhang mit ihrer Zeit und im Lichte vieler anderer Quellen gesehen – die niederländische historische Identität dennoch mit einem kennzeichnenden Element ausstatten. Für Kunsthistoriker und Kunstbetrachter liegt der Vorteil dieser Konstellation darin, dass in der Unmenge von Bildern jeder für seinen Geschmack etwas findet, das er betrachten, beschreiben oder gar kaufen könnte. Diese Bilder konnten ohne jede Protektion von König, Hof oder Staatsspitzen gemalt werden. Ein niederländisches Gemälde ist berühmt, weil es gut und einzigartig ist (oder umgekehrt), nicht weil ein Fürst einst verordnete, dass dieser Maler der beste des Landes sei.

Der Nachteil wiederum liegt darin, dass der Kanon unserer Malerei eher sprunghaft und antiautoritär zustande kam, weshalb beispielsweise *Die Nachtwache* in den Niederlanden als das Nationalgemälde schlechthin gilt, während es genau genommen zwar sehr gekonnt gemalt, aber inhaltlich völlig uninteressant ist. Keine der sechzehn dargestellten Personen, die bei Rembrandt das Gemälde in Auftrag gaben, hat auch nur das Geringste zustande gebracht oder bewirkt, was in der niederländischen Kultur oder Geschichte eine Spur hinterlassen hätte. Sie sind also kaum mehr als Figuranten in einem unhistorischen Theaterstück, in dem nichts verhandelt wird, was Relevanz für die größere Geschichte Amsterdams oder der Niederlande hätte. In diesem Sinne wiederum ist *Die Nachtwache* das Nationalgemälde par excellence, das perfekt einer nahezu inhaltsfreien und ungewöhnlich egalitären historischen Identität Ausdruck verleiht. Oder, um es mit einem leicht abgewandelten Zitat George Orwells zu sagen: »*All merchants are equal, but some merchants are more equal than others.*«

Deshalb wäre es auch lohnend, gewissermaßen als Gedankenexperiment, diesen Kanon noch um einige andere Bilder aus unserer Kunstgeschichte zu ergänzen. Nicht nur die eine weltberühmte *Nachtwache* gehört dazu, sondern auch eine

Reihe vielleicht nicht ganz so erstrangiger Gemälde, die aber doch jedes für sich etwas Wesentliches gestalterisch umsetzen, was unser Land zu dem gemacht hat, was es heute ist. Gemälde, die das, was ihnen an kunsthistorischer Bedeutung fehlt, durch ihren Anteil an dem Drama kompensieren, das die Geschichte eines Landes nun einmal darstellt. Eine Art zweitrangiger Kanon also, an dem sich trotzdem etwas Wesentliches der niederländischen Kultur und Geschichte ablesen lässt.

Wenn ich, um einen Anfang zu machen, für diesen zweitrangigen Kanon einen Vorschlag machen sollte, dann würde ich etwas aus dem neunzehnten Jahrhundert auswählen. Es gilt in der niederländischen Kunstgeschichte zwar nicht gerade als große Blütezeit, doch die Vorlieben der Künstler wurden möglicherweise weniger als im goldenen Jahrhundert von ihren Auftraggebern, den Kaufleuten, bestimmt, als von ihren eigenen Wünschen und von einem größeren, internationalen Kunstmarkt. Es muss ein Gemälde sein, in dem das Wasser als unser Nationalsymbol eine Rolle spielt und in dem gewöhnliche Menschen ihren Platz im Theater der Geschichte zugewiesen bekommen. Kein Bildnis reicher Leute, keine biblische Szene, keine mythische Allegorie, sondern ein Bild der Menschen aus Fleisch und Blut, die in den Häfen, an den Flüssen oder am Meer ihr Leben verbringen, in bester niederländischer Tradition: gottesfürchtig, hart arbeitend und in ihrer Bescheidenheit groß.

Das Zuiderzeemuseum in Enkhuizen besitzt ein kleines Gemälde von H. Koekkoek. Im Falle eines Koekkoek muss man sehr sorgfältig auf die Initialen achten, denn die niederländische Familie Koekkoek zählt zu den weitverzweigtesten

Malerfamilien der Welt. Stammvater ist Johannes Hermanus Koekkoek, geboren im Jahre 1778. Vier seiner Kinder, sieben seiner Enkel und vier Urenkel sind in den Niederlanden und jenseits der Grenzen als Kunstmaler berühmt, vor allem von Landschaften, Seestücken und anderen beliebten Szenerien der romantischen Schule. Das Gemälde in Enkhuizen stammt von seinem jüngsten Sohn Hermanus Koekkoek sr. (der nicht mit seinem ebenfalls malenden Sohn Hermanus Koekkoek jr. verwechselt werden darf), der 1815 in Middelburg geboren wurde und 1885 in Haarlem verstarb. Er wurde von seinem Vater Johannes Hermanus unterrichtet, und man berichtet von ihm als besonderes Merkmal, dass er Linkshänder war. Bevor er sich 1832 oder 1833 in Amsterdam niederließ, lebte er eine gewisse Zeit in dem Fischerdorf Durgerdam, wenige Kilometer nördlich von Amsterdam, am Ufer der damaligen Zuiderzee.

Vielleicht verfolgte er aufgrund dieser Jahre als junger Künstler unter Durgerdammer Fischern 1849 mit besonders großer Aufmerksamkeit die abenteuerliche Geschichte dreier Fischer aus dem Dorf, die auf einer abgebrochenen Eisscholle zwei Wochen lang hilflos auf der Zuiderzee herumgetrieben waren. An einem Winterabend, dem 13. Januar jenes Jahrs, war Klaas Bording mit seinen beiden Söhnen Klaas jr. und Jaap zum »botkloppen«, d. h. zum Flunderfangen, aufs Eis gegangen. Es handelte sich dabei um eine Art des Fischfangs wie bei den Eskimos, bei der man trotz der zugefrorenen Zuiderzee doch die Chance auf einen Fang hatte. Man schlug eine Öffnung ins Eis und um diese Wake herum im Abstand von einigen Metern (wie bei den fünf Punkten auf einem Würfel) noch vier weitere Löcher. Durch die Löcher befestigte man eine Vorrichtung aus Netzen, die (oben) mit Korken und (unten) mit Gewichten versehen waren, so dass knapp unter der Eisdecke eine Konstruktion von Fischnetzen im Wasser hing. Anschließend wurde mit einem Holzpfahl kräftig auf das Eis »geklopft« und so alle Flundern aufgescheucht, die dann in die Netze schwammen.

Es war längst Nacht und hatte außerdem zu regnen begonnen, doch Vater Bording war noch immer nicht zufrieden mit den mehr als 700 Flundern, die sie bereits in die Netze getrieben hatten. Eigentlich hätten sich die drei Männer mit dem vollbeladenen Schlitten schon längst auf den Heimweg über das Eis begeben müssen, aber der riesige Fang hatte sie tollkühn gemacht. Mit einem Mal bemerkten sie zu ihrem Entsetzen, dass das Eis, auf dem sie sich befanden, abgebrochen war und sie nicht mehr zum Ufer zurücklaufen konnten. Von diesem Augenblick an waren sie buchstäblich den Elementen ausgeliefert. Auf ihrer Irrfahrt über die Zuiderzee, mit keiner weiteren Nahrung als rohem Fisch, die göttliche Gnade erflehend und ständig den Tod im nassen Grab oder die Gefahr vor Augen, von den sich auftürmenden Eisschollen zerschmettert zu werden, wurden die Bordings endlich nach zwei Wochen von einem Schiff gerettet, das von Vollenhove ausgefahren war, um nach ihnen zu suchen. Nur der jüngste Sohn Jaap erholte sich von den Folgen der Erschöpfung und Erfrierungen; die beiden anderen Männer, Klaas sr. und Klaas jr., starben kurz nacheinander.

Die Geschichte der Bordings machte überall in den Niederlanden die Runde. Künstler, Schriftsteller und Journalisten schneiderten sich daraus jeweils ihre eigene, manchmal romantisierte Fassung des Geschehens. Hermanus Koekkoek sr. malte noch im selben Jahr seine Version der Geschichte in Öl auf einer kleinen Leinwand von 18,5 auf 23,5 Zentimetern. Im Gegensatz zu anderen Malern, die die drei Männer mehr oder weniger statisch auf ihrer Eisscholle darstellten, entschied sich Koekkoek für den Augenblick, in dem der jüngste Sohn am Horizont das rettende Fischerboot entdeckt. Mitten auf dem unermesslich weiten, eiskalten Wasser und unter dem unwirtlichen Winterhimmel winkt er geschwächt dem noch fernen Schiff zu.

Dieses Gemälde ist kein großartiges oder bedeutendes Werk. Es wird nicht viele Niederländer geben, die es kennen oder je von der dort erzählten Geschichte gehört haben. Trotzdem ist das Bild in seiner Darstellung der allein Gottes Gnade ausgelieferten Hilflosigkeit inmitten der bedrohlichen Wassermassen urholländisch. In einem kleinen Kanon der Malerei, der einen Abriss unserer Geschichte vermitteln möchte, hätte es einen Platz verdient.

Ein markantes Detail dieses kleinen Bildes ist ein verstecktes Zitat, wie ich zu behaupten wage, das dem Gemälde eine noch größere Existenzberechtigung als Fußnote zur europäischen Kunstgeschichte gibt. Der siebzehnjährige Jaap Bording winkt nämlich nicht nur den Rettern aus Vollenhove zu, er winkt auch – davon bin ich fest überzeugt – dem berühmten Gemälde *Le radeau de la Méduse (Das Floß der Medusa)* von Théodore Géricault von 1819 zu. Dieses riesengroße Gemälde war ebenfalls anlässlich eines aktuellen Ereignisses gemalt worden, nämlich eines Schiffbruchs der *Méduse* vor der Küste von Westafrika 1816. Die *Méduse*, das Flaggschiff eines königlichen französischen Konvois, war

Die Bordings auf ihrer Eisscholle in der Zuiderzee, gemalt von Hermanus Koekkoek sr. (1815–1885).

mit Soldaten und Kolonisten auf dem Weg nach Senegal. 155 Mann Schiffsbesatzung trieben fünfzehn Tage lang auf dem Ozean, 140 von ihnen starben an Hunger und Entkräftung, worauf sie von den übrig gebliebenen Seeleuten verzehrt wurden. Dem folgte ein großer Regierungsskandal. *Das Floß der Medusa*, das man als *Die Nachtwache* Frankreichs bezeichnen könnte, war in ganz Westeuropa so berühmt (50 000 Menschen kamen, um für das Betrachten des Bildes Eintritt zu zahlen, als es 1820 in London ausgestellt wurde), dass es kaum vorstellbar ist, dass Koekkoek dieses Werk, knapp dreißig Jahre später, nicht gekannt haben könnte. Dafür war der erschöpft Winkende, der über die verknäuelte Masse von Körpern auf dem Floß der Medusa hinausragt, eine zu bekannte Figur geworden.

Koekkoeks kleines Bild von der kleinen, großen Tragödie auf der Zuiderzee ist nicht mehr als ein kleiner Gruß an Géricault, und es befindet sich, verglichen mit dem nationalen Meisterwerk eines Rembrandt, in einem abgelegenen Winkel der Kunstgeschichte. Trotzdem ist es mir so lieb, dass ich dafür plädiere, von der Million Menschen, die alljährlich zur Besichtigung der *Nachtwache* kommen – dieses großen Spiegels der Stadtgeschichte des siebzehnten Jahrhunderts –, doch wenigstens ein paar tausend auch nach Enkhuizen zu schicken, damit sie dort einen Blick auf den Spiegel der niederländischen Kunst und Geschichte im Kleinformat werfen. Der wackere Jaap Bording winkt Ihnen schon aus der Ferne zu.

Kapitel 15 DER WASSERKÖNIG

Auf der Grundlage von reinem Schulwissen sollte man meinen, dass es nur eine Art von Wasser gibt, nämlich die Verbindung zweier Wasserstoffatome mit einem Sauerstoffatom, ausgedrückt in der weltbekannten Formel, die sogar nicht chemisch geschulte Augen erkennen: H_2O. In der Natur kommt diese chemische Verbindung in drei Erscheinungsformen vor, nämlich fest (Eis), flüssig (Wasser) und gasförmig (Wasserdampf). Nichts selbstverständlicher als das, sollte man meinen. Aber die Fülle der Behörden, die sich in den Niederlanden die Verantwortung für das Wasser teilen, lässt den Eindruck aufkommen, in diesem Land gäbe es zahllose verschiedene Arten von Wasser, und jede bedürfe einer eigenen Verwaltung, Kontrolle, Bewachung, Management und sonstiger Betreuung.

Die Zuständigkeit für das Grundwasser, beispielsweise, liegt bei den zwölf niederländischen Provinzen. Die Verantwortung für das Oberflächenwasser organisieren die 27 niederländischen »Waterschappen«, die lokalen und regionalen Wasserbehörden. Und für das Trinkwasser sind die fast 500 niederländischen Gemeinden verantwortlich. Da Wasser sich in der Regel nicht um die gesetzlich festgelegte Zuständigkeitsverteilung zwischen den Verwaltungsorganen zu kümmern pflegt, kann man sich vorstellen, dass im Lauf der Jahre etliche unvermeidliche Kompetenzkonflikte zwischen diesen Behörden ausgetragen wurden. So plädierten die Waterschappen schon häufig dafür, die bei den Provinzen liegende Zuständigkeit für das Wasser auf sie zu übertragen, während die Provinzen dagegenhalten, die Waterschappen seien nicht mehr zeitgemäß, sollten am besten aufgelöst und ihre Befugnisse an die Provinzen verteilt werden.

Wer sich die Zuständigkeitsbereiche der verschiedenen Ministerien ansieht, kommt einem vergleichbaren Flickwerk in Sachen Fließwasser auf die Spur. So legt das Ministerium für Wohnungen, Raumplanung und Umwelt nach eigener Aussage »Normen für Badegewässer und für das Grund- und Oberflächenwasser« fest, während das Ministerium für Verkehr und Wasserwirtschaft ebenfalls angibt, für die »weitere Verbesserung der Wasserqualität« zuständig zu sein. Wasserreiche Naturschutzgebiete wie das Wattenmeer und der Nationalpark De Biesbosch unterstehen dagegen wieder dem Ministerium für Landwirtschaft, Naturschutz und Lebensmittelqualität. Bei Überschwemmungen hingegen werden die Entscheidungen höchstwahrscheinlich vom Ministerium für Inneres und Beziehungen des Königreichs koordiniert. Und dabei habe ich die technologischen und innovativen Fragen noch nicht erwähnt, in denen das Ministerium für Wirtschaft selbstverständlich die Hand mit im Spiel hat. All diese Ministerien haben in den genannten Untergliederungen ebenfalls wieder Beratungsorgane und ausführende Amtsstellen.

In einem Land, dessen Oberfläche zu fast 20 Prozent aus Wasser besteht, ist es anscheinend grundsätzlich unmöglich, alle Zuständigkeiten im Bereich Wasser mit seinen zahlreichen Aspekten eindeutig bei einem einzigen Staatsorgan anzusiedeln. Das würde zu einem übermächtigen Wasser-Politbüro führen, das alles andere als demokratisch wäre. Aber die heutige Zersplitterung ist auch nicht gerade ideal. Da gibt es sich deutlich überschneidende Zuständigkeiten und das Risiko, dass in manchen Angelegenheiten jeder nur ein bisschen verantwortlich ist, weshalb sich niemand wirklich zuständig fühlt. Im Grunde ist das Thema Wasser das Musterbeispiel für ein häufig vorkommendes verwaltungstechnisches Problem. Sieht man ein bestimmtes Thema als eigenständiges Aufgabengebiet und konzentriert alle diesbezüglichen Zuständigkeiten so weit wie möglich in einer einzigen Institution? Oder sieht man ein Thema vor allem als Teilaspekt anderer Aufgabengebiete und beauftragt Behörden und öffentliche Einrichtungen in voller Breite, in diesen Gebieten innerhalb bestimmter Strukturen eine eigene Politik zu entwickeln und umzusetzen? Diese Problematik stellt sich auch beim Wasser. Was ist besser: eine übergreifende oder eine zweckgebundene Wasserpolitik?

Das Pikante an diesem administrativen Dilemma besteht darin, dass ausgerechnet das Wasser wie nichts anderes den Ausgangspunkt der niederländischen demokratischen Tradition bildet. Lange bevor das Land Provinzen, geschweige denn ein Parlament hatte, ja lange bevor die Niederlande die Niederlande wurden, nämlich seit dem zwölften Jahrhundert, entstanden in unserem Land Wasserverwaltungen, die »Waterschappen«. Dabei handelte es sich um Organe, in denen gewählte Repräsentanten einen Sitz hatten, die in einem bestimmten Gebiet die Interessen der Bauern und Landbesitzer gemeinsam vertraten. Die individuellen Belange von Bauer A oder Grundbesitzer B mussten gegenüber den kollektiven Interessen der Gemeinschaft als Ganzem abgewogen werden, wenn es um die Erhöhung eines Deichs, um die Instandhaltung von Anlegestellen, um das Offenhalten von Wasserstraßen oder das Schaffen von Uferverbindungen ging. Jeder war für sein eigenes Land (bzw. sein Ländchen) verantwortlich, aber alle zusammen mussten auch die gemeinsamen Belange sicherstellen, manchmal auf Kosten des Privatinteresses des einen oder des anderen. Nicht zu Unrecht wird dieser mittelalterliche Anfang eines strukturellen Verhandlungsmusters in den wasserreichen, flachen Niederlanden als der Ursprung des heute sogenannten Poldermodells bezeichnet. In einem Land wie der Schweiz beispielsweise fehlt diese Notwendigkeit, ständig Kompromisse über gemeinsame Belange finden zu müssen. Dort hat jedes Tal seine eigenen Sorgen, die die Bewohner eines anderen Bergtals nicht interessieren, weshalb sich alle Gemeinschaften jahrhundertelang in selbständigen Kantonen ihre eigene Existenz einrichten konnten.

In den Niederlanden wurden dagegen die kleinen mittelalterlichen Weiler von der wasserreichen Natur zur Zusammenarbeit gezwungen. Seewehre, Flussdämme, Entwässerungsschleusen, Ringgräben um die Polder und Kanäle haben alle grundsätzlich einen kollektiven, die Gemeinschaft insgesamt betreffenden Charakter. Die wirtschaftliche Entwicklung im sechzehnten und vor allem im siebzehnten Jahrhundert nötigte zu einem Vorgehen in immer größerem Maßstab, während gleichzeitig die Repräsentanz und Akzeptanz der Entscheidungsfindung gesichert bleiben musste. So entwickelten sich die (regionalen) Waterschappen zu starken, korporativen Verwaltungsorganen – und das zu einer Zeit, in der man die Landesregierung als Ganzes absolut noch nicht als demokratisch legitimiert bezeichnen konnte.

In der Mitte des neunzehnten Jahrhunderts gab es in den Niederlanden circa 3500 derartiger Waterschappen, ein Jahrhundert später war diese Zahl durch Zusammenlegen auf 2500 gesunken. Aber es waren immer noch zu viele. Bei der großen Flutkatastrophe von 1953 zeigte sich schmerzlich, wie sehr die Zersplitterung und der in politischer Hinsicht kraftlose Charakter der im zentralen politischen Entscheidungsprozess machtlosen Waterschappen ein verantwortungsvolles und energisches Vorgehen in Sachen Wehre und Wasserhaushalt behinderten. Fusionsrunde um Fusionsrunde wurden die Waterschappen so drastisch saniert, dass heute nur noch 27 übrig geblieben sind. Ihre Aufgabe besteht darin – dem *Waterschapsalmanak van de Unie van Waterschappen* zufolge, einer Art Jahrbuch der Union von Wasserverwaltungen –, die Deiche instand zu halten, das Wasser aufzufangen und eventuell zu- oder abzuführen, das Abwasser zu reinigen und für sauberes Oberflächenwasser sowie für die Erhaltung und Entwicklung naturbelassener Ufer zu sorgen.

Trotz dieser eindeutigen und für die Niederlande ziemlich folgenreichen Aufgabenstellung sind die Waterschappen mit ihrer ungefähr 800-jährigen verwaltungstechnischen Tradition das am wenigsten bekannte Verwaltungsorgan der Niederlande. Zwar haben sie in den vergangenen Jahren viel investiert, um ihre Arbeitsweise und Aktivitäten transparent zu machen, und haben durch die Wahlen zu den

Waterschappen auch ihre demokratische Präsenz einigermaßen verstärkt, aber trotzdem ist das Wichtigste, was den durchschnittlichen Bürger auf »seine« Waterschap aufmerksam macht, das alljährliche Überweisungsformular für einige Euro Umweltabgabe. Vor diesem Hintergrund fragt sich manch einer verständlicherweise, wofür man denn 11 000 Beamte bei den Waterschappen braucht. Rasch drängt sich der Gedanke auf, dass die 27 Waterschappen ausgezeichnet mit den zwölf Provinzen fusionieren könnten (die ihrerseits auch etwa 13 000 Beamte beschäftigen müssen). Und wenn wir dann schon mal dabei sind, könnten die Waterschappen und Provinzen am besten gleich auf fünf bis sieben Regionen zusammengestutzt werden, die dann auch im europäischen Rahmen eine stärkere Position einnehmen könnten. So kommt man von der Geschichte der mittelalterlichen Wasserverwaltung ganz von selbst auf den Verwaltungsaufbau der Niederlande, was aber wiederum beweist, wie sehr das Wasser nicht nur unsere Landschaft, sondern auch die Verwaltungskultur unseres Landes geformt hat.

Das aktuellste Beispiel dafür, wie sehr die niederländische Verwaltungskultur mit dem Wasser als nationalem Element verwoben ist, mag die Rolle geben, in die Kronprinz Willem-Alexander in den vergangenen Jahren auf dem Gebiet der niederländischen Wasserpolitik und der globalen Wasserproblematik allmählich hineinwuchs. Darüber, wie der 1967 geborene Willem-Alexander zum Thema Wasser kam, sind verschiedene Theorien im Umlauf. Auf der Website des Königshauses steht, Prinz Claus habe seinen Sohn angeregt, sich für das »Wassermanagement« zu interessieren. Gründlichen journalistischen Recherchen zufolge war jedoch das plötzliche Interesse des Kronprinzen für dieses Thema um 1995 eher ein meisterhafter Schachzug seiner Berater und politischen Lehrmeister. Denn damals waren sich wohl alle darin einig, dass etwas geschehen musste.

Mitte der neunziger Jahre ging Willem-Alexander schon auf die dreißig zu. Trotz zahlreicher bürgerlicher Freundinnen in Folge war er noch immer Junggeselle, und trotz seines Geschichtsstudiums an der Universität Leiden galt er nicht gerade als Intellektueller, wie einer seiner Professoren es bei der Verleihung des Abschlussdiploms an den Prinzen deutlich zu verstehen gab. Sein Ruf als festefeiernder Luftikus, dem aus seiner Studentenzeit noch der Spitzname Prinz Pils anhing, wurde noch weiter festgeschrieben, weil er sich in der Öffentlichkeit am liebsten schunkelnd und hüpfend (bei Sportveranstaltungen), beim Kuchenschnappen (am Nationalfeiertag Koninginnedag) oder lediglich Hände schüttelnd (bei allen anderen Anlässen) dem Volke zeigte. In Sachen Wasser konnte er sich nur der anderthalbjährigen Wehrpflicht bei der Königlichen Marine und seiner Schutzherrschaft über die Sail Amsterdam rühmen und beim Koninklijke Nederlandse Watersport Verbond, der Interessenvertretung aller niederländischen Wassersportler, der mit dem Slogan wirbt: »Der Wassersportverband sorgt dafür, dass Sie weiterhin unbesorgt Ihre Freude am Wasser haben können.« Mit anderen Worten: Der künftige niederländische König war eifrig bemüht, das Pendant zum englischen Prinzen Charles zu werden, eine reine Repräsentationsfigur, die in der Thronfolge am besten übergangen wurde.

Wer heute, gut zehn Jahre später, den Kronprinzen über seine Arbeit auf dem Gebiet der Wasserwirtschaft sprechen hört, erlebt einen Mann mit einer öffentlichen Mission einschließlich des dazugehörenden Verwaltungsjargons. »*I think an effective implementation of the integrated water resource management plans which are now being drawn, would be the foremost driver of sustainable water management*«, erklärte er in einem Videointerview auf YouTube (am 30. Oktober 2007) mit neu gefundenem Ernst. Die von ihm übernommenen inhaltlichen Aufgaben im Bereich des Wassermanagements beschränken sich längst nicht mehr auf die Niederlande, wie es noch mit seiner Position als Vorsitzender des Beraterausschusses Wasserhaushalt (Adviescommissie Water, AcW), des ehemaligen Ausschusses für landesweite Wasserwirtschaftspolitik (Commissie Integraal Waterbeheer) der Fall ist. Nach seiner Rolle als Vorsitzender auf dem Weltwasserforum in Den Haag im Jahr 2000 wurde der Prinz sogar vom Generalsekretär der Vereinten Nationen gebeten, als *chairperson* der UNSGAB, der United Nations Secretary-General Advisory Board on Water and Sanitation, zu fungieren.

Wenn es um das Thema Wasser geht, scheint unser Prinz allgegenwärtig zu sein. »Auch in unserem Land ist sehr viel geschehen. Das haben wir vielen von Ihnen hier im Saal zu verdanken und dafür möchte ich Ihnen meinen aufrichtigen Dank aussprechen«, sagte er am 18. März 2008 bei der Feier des Weltwassertags 2008 in Rotterdam. Und zwei Tage darauf hieß es in Genf: »Der Weltwassertag ist ein ganz besonderer Tag, weil wir damit die Welt auf die Probleme von Wasserversorgung und Brauchwasserentsorgung aufmerksam machen.« Wieder eine Woche später, am 26. März, ist er in Tunis bei der Eröffnung der First African Water Week zugegen und erklärt: »Es sind gewisse Fortschritte zu erkennen, aber es muss noch mehr geschehen. Wir haben keine Zeit zu verlieren.«

Willem-Alexander wird bei all diesen Aktivitäten von Experten und fachkundigen Beratern unterstützt. Für seinen Vorsitz im Beraterausschuss Wasserhaushalt steht ihm beispielsweise sogar ein dafür freigestellter Wasserberater zur Verfügung, der die zweimonatlichen Konferenzen der Kommission wie auch die Arbeitsbesuche des Prinzen vorbereitet. Der Experte war vorher bei der Generaldirektion Wasserangelegenheiten des Ministeriums für Verkehr und Wasserwirtschaft (Directoraat-Generaal Water) und hatte in früheren Tätigkeiten die notwendige internationale Erfahrung gesammelt, unter anderem in Deutschland (bei der Internationalen Kommission zum Schutz des Rheins in Ko-

Kronprinz Willem-Alexander auf dem Vierten Weltwasserforum in Mexiko 2006.

blenz) und in Indonesien (beim Ministerium für Verkehr, Wasserwirtschaft und öffentliche Arbeiten in Jakarta).

Die – auf wessen Anregung auch immer zurückgehende – Entscheidung, den künftigen niederländischen König darauf anzusetzen, die nationalen und globalen Wasserprobleme auf der Tagesordnung zu halten, hat sich aus verschiedenen Gründen als eine ausgezeichnete Wahl herausgestellt. Zuallererst hat sie bewirkt, dass sich der Prinz von Oranien dadurch von einem nicht ernst zu nehmenden *royal playboy* zu einem gewissenhaften König in spe gewandelt hat. Zudem hat das Thema Wasser noch den Vorteil, dass es etwas typisch Niederländisches ist und zugleich auch Probleme berührt, die die ganze Welt – und vor allem die Dritte Welt – betreffen: Trockenheit, Hygiene, Überschwemmungen, Trinkwasserversorgung, Landwirtschaft, Landschaftsschutz, Verschmutzung, Wasserkraftwerke, Stauseen, Fischfang usw. Außerdem eignet sich die Beschäftigung mit diesem Thema für einen künftigen Monarchen besonders gut, weil es zum einen ernst und zum anderen unlösbar ist. Die Tatsache, dass 2,6 Milliarden Menschen oder fast 40 Prozent der Weltbevölkerung keine adäquate Sanitation haben, keinen Zugang zu einer gesunden Versorgung mit Wasser und Entsorgung von Abwasser sowie der Umstand, dass täglich etwa 7500 Menschen infolge von Krankheiten sterben, die unmittelbar mit Wasser zusammenhängen, stempeln diese Aktivitäten des Prinzen grundsätzlich zu etwas Lobenswertem, etwas Erhebendem.

Dass selbst ein niederländischer Kronprinz im Grunde nicht viel mehr tun kann als *management by speech*, ist dabei jedermann bewusst. Kein Mensch erwartet, dass all diese

Reden und Interviews, all diese Arbeitsbesuche und Sitzungen, all diese Reisen und Konferenzen, alle angesprochenen Probleme jemals umfassend oder überhaupt zu lösen wären. Gleichzeitig, und das ist ein schöner Nebenumstand des Wasserthemas, wird man das dem Prinzen niemals zum Vorwurf machen können. Solange er sich aktiv und sichtbar für die Sache einsetzt, weiterhin Herausforderungen benennt, Planungen anregt und Lösungsmöglichkeiten suggeriert, kann niemand je behaupten, er, der Kronprinz der Niederlande, sei gescheitert. Dafür sind die Probleme zu groß, zu zahlreich und zu verschieden. Weder national noch global lässt sich ein entscheidender Erfolg auf diesem Gebiet letztlich erreichen. Daher fällt es nicht leicht, einen solchen Erfolg als Zielvorgabe gut zu definieren. Vielleicht besteht das maximal Machbare darin, das unvermeidliche Scheitern des weltweiten Wassermanagements so lange wie möglich hinauszuzögern. Und jedes Mal, wenn von diesem fortschreitenden Scheitern etwas zu bemerken ist, meist in Form besorgniserregender Statistiken, sieht sich der Prinz bestätigt. Dass es so nicht weitergehen kann, dass etwas geschehen muss, dass wir jetzt doch wirklich alle zusammen etwas tun müssen.

Diese ein wenig zynische Darstellung des globalen Wasserproblems, für das es nie eine vollständige Lösung geben wird, für das aber trotzdem ständige Aufmerksamkeit eingefordert werden muss, ist vielleicht auch aus dem Grund bei Willem-Alexander in den richtigen Händen, weil es gut als Metapher für die nationale niederländische Verwaltungskultur dienen kann, auch über den Bereich der Wasserpolitik hinaus. Wie in Kapitel 2 bereits beschrieben wurde, lässt sich die Verwaltungskultur sehr gut mit stehendem Wasser vergleichen. In diesem stehenden Wasser werden die sozioökonomischen Schwierigkeiten so weit wie möglich unter der Oberfläche gehalten. Nun ja, das Wasser kräuselt sich zwar regelmäßig (etwa bei Problemvierteln, Schwierigkeiten im Schulsystem und im Pflegesektor, bei Betrug von großen Bauunternehmen, bei aufsehenerregenden Strafverfahren), aber für all das gibt es Mechanismen (Anfragen von Abgeordneten an Minister, Untersuchungskommissionen, Verhandlungen zwischen Arbeitgebern und Arbeitnehmern, Pläne für eine Gesetzesänderung, Etats für noch eingehendere Untersuchungen etc.), die dafür sorgen, dass die Probleme weiterhin keine große Wellen schlagen. Die an diesem ritualisierten Spiel beteiligten Personen werden sich wohl hüten, die Probleme als zu groß darzustellen, denn dann wird man ja gleich für die Formulierung und die Inangriffnahme möglicher Lösungen in die Pflicht genommen.

So wird auch klar, wie es kommt, dass die zersplitterte Struktur der Wasserpolitik und sogar die überholten Elemente des gesamten Verwaltungsapparats (wie das Nicht- oder nur unzulängliche Funktionieren der Ersten Kammer, die zu vielen Provinzen, der Wirrwarr sich überlappender Beratungsgremien) noch jahrelang als Probleme weiterexistieren können, ohne dass es irgendeine Aussicht auf entscheidende Verbesserung gibt. Erst wenn einer die Schleusen seiner gespielten oder echten Empörung öffnet oder die eingespielten Umgangsformen den Bach hinuntergehen lässt, indem er den Deckel vom Topf nimmt, gerät das stehende Gewässer der Politikkultur in schweren Wellengang. Das geschah bei so ungleichen Personen wie dem 2002 ermordeten populistischen Politiker Pim Fortuyn, der aktivistischen Abgeordneten Ayaan Hirsi Ali oder ultrarechten Kräften wie Geert Wilders »Partij voor de vrijheid«, der Freiheitspartei. Das Fatale der ritualisierten Politikkultur liegt darin, dass bei stehenden Gewässern zwar die meisten Probleme zugedeckt sind und unsichtbar bleiben, aber tief unten im Wasser allmählich alles Mögliche brodelt und zu gären, zu faulen und zu stinken beginnt, ohne dass es richtig sichtbar würde. So wirkten die neunziger Jahre anfangs, als die Niederlande acht Jahre lang liberal-rote Kabinette (im Volksmund »violette« genannt) hatten, wie eine Zeit des ausbalancierten sozialen und politischen Gleichgewichts. Das hielt so lange vor, bis um die Jahrtausendwende plötzlich die Dämme brachen: das Nachspiel des Massenmords von Srebrenica 1995, wo den Niederlanden wegen ihrer militärischen Präsenz im Nachhinein eine Mitschuld zugesprochen wurde, die riesigen Mängel, die in den jüngsten Schulreformen sichtbar wurden, und die gescheiterte Integration der ersten und auch der zweiten Generation von Immigranten. Die Politik hat sich noch immer nicht davon erholt, wie diese Probleme von sprachgewaltigen Populisten wie Fortuyn und Wilders dem Haager Establishment unter die Nase gerieben wurden und werden.

Kennzeichen der auf die violetten neunziger Jahre nachfolgenden Kabinette waren Instabilität, Ängstlichkeit und intellektueller Provinzialismus. Exemplarisch dafür sind die ohnmächtigen Versuche von Premierminister Balkenende, dem Volk 2005 zu erklären, weshalb die Zustimmung zur Annahme eines europäischen Grundgesetzes ein so wichtiger und nützlicher Schritt sei. Das niederländische Volk sah zu wenig Vorteile und lehnte den »Vertrag über eine Verfassung für Europa« am 1. Juni 2005 mit einer klaren Mehrheit (61,6 Prozent) per Referendum ab. Damit wurde auch die enorme Kluft sichtbar zwischen dem, was die Regierung als entscheidenden Schritt in der niederländischen und europäischen Entwicklung sah, und dem, was von »den Menschen in unserem Land« als unverständlich und sinnlos oder gar gefährlich abgelehnt wurde.

Vor diesem Hintergrund wirken Willem-Alexanders Aktivitäten mit seinem weltweiten Engagement in Sachen Wasserproblem, trotz der mitunter leeren Rhetorik, geradezu erfrischend kosmopolitisch. Angesichts der Tatsache, dass die Niederlande nun einmal eine Monarchie sind und sich das in absehbarer Zeit vermutlich auch nicht ändern wird, bleibt uns nur die Hoffnung, dass sich dieser Prinz, wenn er dereinst als König den Thron bestiegen haben wird, nicht nur weiter mit den Wasserproblemen unseres Landes und der Welt beschäftigen wird, sondern mit ebenso klaren Appellen und einer aktiven Maßnahmeplanung das stehende Gewässer der niederländischen Verwaltungskultur ein wenig in Bewegung bringt.

Kapitel 16 EIN ERZWUNGENER ABSCHIED

Selten sehnt sich der Mensch stärker nach der Gnade Gottes als in der Stunde der Gefahr. Und weil den Niederlanden die Gefahr überwiegend in Gestalt der See droht, finden sich die strengsten und konservativsten Kirchgänger seit eh und je an den Küsten der Nordsee und der früheren Zuiderzee: von den streng reformierten Kirchen in Zeeland über die Fischerkirchen von Hoek van Holland, Katwijk, Noordwijk und Wijk aan Zee hinauf nach Norden bis zu den kleinen Gotteshäusern auf den Watteninseln und an den Ufern der früheren Zuiderzee – im Uhrzeigersinn –, den Kirchen der Gemeinden Makkum, Hindeloopen, Stavoren, Lemmer, Blokzijl, Vollenhove, Kampen, Elburg, Harderwijk, Spakenburg, Durgerdam, Monnickendam, Marken, Volendam, Edam, Hoorn, Enkhuizen und Medemblik. Nirgendwo wird man so leidenschaftlich für eine gesunde Heimkehr der Fischer, Matrosen und Reisenden gebetet haben wie in diesen Orten, wo die Bevölkerung jahrhundertelang überwiegend vom Meer lebte.

In einer Großstadt ist ein Gottesdienst sozial gesehen etwas Unverbindliches. Für ein Individuum mag das Wort Gottes durchaus von großer Bedeutung sein, aber die Bevölkerung an sich hat unzählige, höchst verschiedene Sorgen und Beschäftigungen. Jeder führt sein eigenes Leben und hat seine eigenen Probleme, auf die sich der Pastor in sehr allgemeinen Worten zu beziehen versucht, um bei den Gläubigen das gewünschte Echo zu finden. Ansonsten bleiben ihm nur allgemeine Warnungen vor den Verlockungen des Bösen und die Aufforderung zur Nächstenliebe. Aber die Intensität eines solchen Bittgottesdienstes ist fast ein Nichts neben der engen, fast erstickenden Verbundenheit kleiner Küstengemeinden, in deren Kirchen alle zusammen für die gesunde Heimkehr ihrer Männer, Väter und Söhne beten.

Nicht umsonst gilt die ehemalige Zuiderzee-Insel Urk als frömmste Gemeinde des Landes. Auch heute noch besteht dieses Fischerstädtchen – nachdem die Gemeinde Urk längst Teil der trockengelegten Provinz Flevoland ist – zu mehr als 90 Prozent aus Wasser. Durch diesen historischen und geographischen Umstand ist das politische Klima dort völlig von einem orthodox-protestantischen Charakter geprägt. Bei den Gemeinderatswahlen 2006 erhielten die christlich orientierten Parteien die vollen hundert Prozent aller abgegebenen Stimmen, ein Ergebnis, von dem sogar totalitäre Herrscher wie Saddam Hussein oder Aleksandr Lukaschenko in ihren Blütezeiten nur träumen konnten. Kann sich der Zusammenhang von Gott und Wasser noch ausdrucksvoller zeigen? Man hat den Eindruck, je nasser der Ort, um so voller die Kirche.

Dennoch gibt es in den Niederlanden etwas noch Nasseres und vielleicht sogar noch Frömmeres als die Insel Urk. Dafür müssen wir uns von Urk aus nur gut zehn Kilometer nach Osten bewegen – früher mit dem Schiff, heute über Land –, zur Insel Schokland, die in der Gemeinde Noordoostpolder ebenfalls in der Provinz Flevoland liegt. Wer sich Schokland, das seit dem 1. November 2008 wieder offiziell eine Gemeinde ist, heutzutage mit dem Auto auf der N50 von Ens her nähert, sieht ein kleines landschaftliches Wunder. Das Land ist nach allen Himmelsrichtungen flach, flacher geht es nicht. Alle Felder sind lediglich von Wassergräben durchzogen, haben da und dort ein paar Bäume und sind bretteben und regelmäßig. Alles dort ist Neuland, das zwischen 1940 und 1942 nach dem Abriegeln der Zuiderzee 1932 trockengelegt wurde, damit dort Felder angelegt und Wohnungen gebaut werden konnten.

Es ist ein sonderbarer Gedanke, dass in den ersten zwei Jahren des Zweiten Weltkriegs inmitten von allem Elend der Bombardierungen, Antisemitismus, Arbeitseinsätzen in Deutschland, Razzien usw. in den Niederlanden auch weiter brav an der Eindeichung des Nordostpolders gearbeitet wurde. Auch von dieser Geschichte zeigt diese schuldlose Landschaft keinerlei Spur. Kein einziges Gebäude hier kann älter als ungefähr 65 Jahre sein. Doch dann erhebt sich plötzlich links neben der Straße, der N320, eine Holzpalisade mit dahinter eindeutig als historisch erkennbaren Gebäuden: einer kleinen Kirche, einem Pfarrhaus und ein paar niedrigen, von alten Bäumen umgebenen Häusern. Vor allem die Tatsache, dass dieses kümmerliche kleine Dorf und seine Umgebung über das restliche Land emporragen, weckt Befremden; aber hinzu kommt, dass das geometrische Aussehen des Polderlands, das mit geraden Strichen auf dem Reißbrett der Trockenleger entworfen wurde, hier plötzlich bizarr unterbrochen wird.

Früher war Schokland wie Urk eine Insel in der Zuiderzee.

Und Schokland ist noch immer eine Insel, heute aber mitten im eingepolderten Land. Wer einmal von der Palisade neben der kleinen Häuseransammlung aus den Blick über die weiten, flachen Weidegründe schweifen lässt, fühlt, dass das Polderland um ihn herum in seiner Künstlichkeit irgendwie unecht ist. Was nicht historisch ist, scheint auch kein volles Existenzrecht zu haben, wie einem an ein altes Gebäude angebauten Flügel auch immer etwas von einer Prothese anhaftet, von der man insgeheim hofft, das Gebäude möge eines Tages wieder ohne sie auskommen.

Schokland ist heute vier Kilometer lang und höchstens einige hundert Meter breit. Bis zur Mitte des neunzehnten Jahrhunderts war die Insel noch größer, obwohl Teile davon bereits im Lauf der Jahrhunderte dramatisch abgebrochen und ins Meer gestürzt waren. Doch auch im siebzehnten und achtzehnten Jahrhundert kann die Fläche nicht besonders groß gewesen sein. Auf der Insel lebten höchstens einige hundert Menschen. Trotzdem wurden dort im Lauf der Jahrhunderte verschiedene protestantische und römisch-katholische Gotteshäuser errichtet. Die Katholiken waren auf Schokland immer relativ stark vertreten, vermutlich, weil die Insel zu isoliert war, um die Reformation in vollem Umfang mitzuerleben. Deshalb war dieses Fleckchen Erde lange eine eher katholische Insel, umringt von überwiegend protestantischen Provinzen. Gleichzeitig war Schokland auch stets Schauplatz von Religionszwisten, die nicht nur in der Kirche, sondern vor allem im Unterricht ausgetragen wurden. Die Insel war zu klein, um mehr als eine oder zwei von allen öffentlichen Einrichtungen zu haben, jede auf der Grundlage einer anderen Glaubensrichtung. Wenn also ein neuer Lehrer ernannt werden sollte, führte das rasch zu religiösen Fehden, zumal zum Amt des Schulmeisters – aus finanziellen Gründen – auch das Amt des Küsters oder Vorsängers gehörte.

So bildeten die beiden Zwergschulen und die beiden stattlichen Kirchen auf der Insel ein ziemlich unauflösliches religiöses Spannungsfeld, das die Insel bis in die Mitte des neunzehnten Jahrhunderts gefangen hielt. Und währenddessen bröckelte durch die Gewalt der tosenden Zuiderzee die Insel Stück für Stück ab, so dass permanent viel Geld für die Anlage oder die Verstärkung der Sturmflutwehre, die Reparatur der Häuser und zum Ausbessern noch anderer Schäden benötigt wurde. Auch Epidemien wie Cholera und Typhus forderten ihren Tribut und führten vor Augen, dass es auf der Insel nicht hinnehmbare Mängel im Bereich der Trinkwasserversorgung, der Hygiene, der Ernährung und des Wohnraums gab. Vor allem in strengen Wintern, bei Überflutungen und bei Hochwasser waren die Lebensbedingungen unbeschreiblich. Trotz aller Hilfsaktionen, Armenfürsorge, staatlicher Zuschüsse für die Gemeindekasse, kirchlichen Sammelaktionen und regelmäßigen Spenden von Mitgliedern der königlichen Familie war offensichtlich zu wenig Geld vorhanden, um die Probleme dauerhaft lösen zu können. Man publizierte sogar Benefizschriften, um das Los der »Schokker« zu verbessern. Heute völlig vergessene Schriftsteller und Dichter wie Cornelis van Schaick oder Franciscus Jacobus Gallé publizierten Romane bzw. Gedichte »zugunsten der notleidenden Bewohner von Schokland«. Aber auch dieses heldenhafte literarische Engagement konnte nicht verhindern, dass die Situation ab 1855 unhaltbar wurde.

J. G. Bruns, der seit 1846 als Seelenhirte auf der Insel tätig war, ertrug bereits nach wenigen Jahren das Leben in der endlosen Einsamkeit, umgeben von Wasser, nicht mehr. 1853 seufzte Bruns in einem Bewerbungsschreiben um eine andere Stelle: »Manchmal dachte ich, dass es viele Gefangene in der Haft besser hätten als ich im hiesigen Winter.« Zwei Jahre nachdem bei der Sturmflut vom 1. auf den 2. Januar 1854 die Insel zeitweise völlig unter dem eiskalten Wasser verschwunden war, wurde Bruns durch die Ernennung seines Nachfolgers in der Pfarrgemeinde des Hl. Michael, des 34-jährigen ehrgeizigen Kaplans H. F. J. ter Schouw, aus seinem Leiden erlöst. Ter Schouw sah die Armut, das Elend und die Hoffnungslosigkeit um sich herum und zog daraus den Schluss, dass die einzige Lösung ein allgemeiner Umzug der schokländischen Bevölkerung aufs Festland sei, wo die Fischer, Fischräucherer und Weber bessere Perspektiven hätten. Bald nach seiner Berufung begann der Seelenhirte mit der Veröffentlichung von Artikeln und dem Einreichen von Gesuchen, um die Not der Inselbevölkerung ins Gespräch zu bringen.

Auf der Website von Schokland steht sogar: »Auf Befehl von König Willem III. wurde die Insel 1859 geräumt«, aber das stimmt nicht einmal halb, denn es war ja der energische, eifrige, inzwischen zum Pfarrer beförderte ter Schouw, der bereits am 30. Januar 1857 die entscheidende Initiative ergriff, eine überzeugende Petition an die Zweite Kammer der Generalstaaten zu richten, in der er die unhaltbare Situation zur Sprache brachte. Diese Petition schickte er auch an zahlreiche Zeitungsredaktionen. Sie wurde von der Kammer sehr ernst genommen, dem Innenminister weitergeleitet und führte schon wenige Monate darauf zu einer Gesetzesvorlage (vom 23. September 1858) zur Räumung Schoklands, die noch im selben Jahr von beiden Kammern angenommen wurde. Von da an ging es schnell. Bereits am 1. März 1859 gab der Bürgermeister von Schokland bekannt, dass alle circa 650 Inselbewohner binnen vier Monaten ihre Häuser abgerissen und abtransportiert haben müssten. Dafür bekamen sie eine von offizieller Seite festgelegte Entschädigung zwischen zwanzig und hundert Gulden. Die Auszahlung wurde unter Aufsicht des Bürgermeisters, des Pfarrers, des Predikanten und des Schulmeisters der Insel vorgenommen. Die meisten Inselbewohner zogen in die benachbarten Zuiderzee-Häfen Kampen und Vollenhove. Kraft eines Dekrets von König Willem III. wurde am 10. Juli 1859 die Gemeinde Schokland formal aufgehoben.

Am 1. August 1859 fand der womöglich dramatischste Gottesdienst statt, der je auf Schokland gehalten wurde. Pfarrer ter Schouw, der sich damals als letzter Bewohner noch auf der Insel befand, zog ein letztes Mal in die Michaelskirche ein und las dort zum allerletzten Mal die Heilige Messe. In den hölzernen Kirchenbänken saß vermutlich niemand mehr, um seine Worte zu hören. Auf dieser völlig menschenleeren Insel in den Fluten der Zuiderzee wird er von der Kanzel herab seine Gebete allein an Gott gerichtet haben. Nach der Messe verschloss der Pfarrer die Kirche und zog sich ebenfalls aufs Festland zurück. Das Kirchengebäude wurde komplett abgebaut und in Einzelteilen, einschließlich der Inneneinrichtung, nach Ommen, einem kleinen Ort in Overijssel, transportiert, wo es erneut aufgebaut wurde, mit dem steinernen Taufbecken, das ein Schokländer Fischer

1772 zwischen Schokland und Urk in seinen Netzen aus dem Meer gezogen hatte. Und die für die Schokländer Fischer so wichtige blau-weiße Marienfigur Maria Sterre der Zee, die Meersternmaria, bekam einen Platz in der katholischen Kirche von Vollenhove. Pfarrer ter Schouw wurde in eine andere Gemeinde versetzt, erbat jedoch vom Bischof eine gewisse Erholungszeit. Die Schokländer Fischer hatten ihn höchst feindselig behandelt. Man machte ihn, nicht zu Unrecht, für das energische Durchsetzen der erzwungenen Abwanderung von der Insel verantwortlich.

Mit Rücksicht auf die Schifffahrt waren zwischen 1859 und der vollendeten Einpolderung 1942 ständig einige Beamte auf der ansonsten verlassenen Insel stationiert. Ein Leuchtturmwärter verwaltete den rot gestrichenen Stahlleuchtturm und die dazugehörende Nebelglocke, ein Aufseher kontrollierte die erforderlichen Wartungsarbeiten, vor allem bei den Arbeiten an den Deichen und am Hafen von Emmeloord an der nördlichen Inselspitze. Nachdem im Sommer 1941 das Land um Schokland trockengelegt und der Emmeloorder Hafen und die Küstenbefestigungen zum großen Teil abgerissen worden waren, ging die ehemalige Insel sang- und klanglos in ihrer Umgebung auf. Die heute zum Teil in dem kleinen Museum Schokland ausgestellten zahlreichen und bemerkenswerten Bodenfunde und die Sorgfalt, mit der die wenigen verbliebenen Gebäude auf der ehemaligen Insel in ihrem historischen Kontext erhalten sind, haben sicher mit dazu beigetragen, dass Schokland 1995 als erstes niederländisches Monument auf die Weltkulturerbeliste der Unesco gesetzt wurde. Dass Schokland dieses Prädikat wegen des symbolischen Werts »für den niederländischen Kampf gegen das Wasser« verliehen bekam, ist genau genommen ein rhetorisches Argument, das auf Hunderte von niederländischen Orten ebenso zutreffen würde. Darüber hinaus hat diese Unesco-Auszeichnung eine mehr symbolische als kulturelle oder historische Bedeutung. Doch all das schmälert nicht die Tatsache, dass eine solche offizielle Anerkennung als Garantie für die Zukunft dienen kann, als Garantie für den Unterhalt, die erforderlichen Investitionen und den Schutz vor Bedrohung von Seiten der Natur und der Menschen.

Den heutigen Schokland-Besucher überkommt eine merkwürdige Stimmung, wenn er auf den in Holz nachgebauten Hafenanlagen von Emmeloord steht. Die Stelle, wo einst der Hafen war, könnte nicht deutlicher markiert sein. Die Fischerboote der »Schokker« könnten gleich wieder durch die enge Fahrrinne in den sicheren Hafen einlaufen. Auf den Kaimauern könnte wieder richtiger Trubel herrschen, wenn der Fisch hereingeholt wird und über allem die flatternden, kreischenden Möwen kreisen, in der Hoffnung, dass auch für sie etwas abfällt. Nur das Wasser fehlt. Man steht an dem Häuschen des ehemaligen Hafenwärters oder ein Stückchen weiter am Leuchtturm und späht in die Ferne, doch was man sieht, ist Ackerland. Statt kreischender Möwen über der tückischen Zuiderzee fliegen Wiesenvögel über das weite Land. Nur das bisschen Wasser in der Hafeneinfahrt soll die früher alles bestimmende Präsenz des Meeres in Erinnerung rufen.

Im Lichte dieser dramatischen Geschichte kann Schokland als warnende Metapher für die Lage der Niederlande insgesamt dienen. Ein Land, das zu 20 Prozent aus Wasser besteht und an einigen Stellen gut sechs Meter unter dem Meeresspiegel liegt, darf es nicht so weit kommen lassen, dass ein großer Teil der Bevölkerung eines Tages evakuiert werden muss, wie es vor anderthalb Jahrhunderten den Einwohnern von Schokland aufgezwungen wurde. Vermutlich war es dieser Symbolcharakter der Insel, der die niederländische Regierung dazu veranlasste, am 30. Juni 2007 ausgerechnet an diesem Ort gemeinsam mit Organisationen, Unternehmen, Verbänden und Institutionen ein Sonderabkommen, das »Abkommen von Schokland«, zu unterzeichnen, das bezweckt, die im Jahr 2000 festgelegten Millenniumsziele für 2015 so konkret wie möglich umzusetzen. Dabei handelt es sich um Kernziele auf dem Gebiet der Entwicklungshilfe, wie die Abschaffung extremer Armut und des Hungers in der Welt, Förderung einer größeren Mitsprache in Schulen und Hochschulen, Gewährleistung gleicher Rechte von Mann und Frau, Bekämpfung der Kindersterblichkeit und Sicherung von mehr ehrlichem Handel, Schuldenerlass für die Dritte Welt und Unterstützung derselben. Selbstverständlich fehlt auch in diesem Abkommen das Wasser nicht, denn im siebten Milleniumsziel wird als konkretes Vorhaben formuliert, mehr Menschen nachhaltig den Zugang zu gesundem Trinkwasser zu gewährleisten.

In seinem allumfassenden Drang nach Weltverbesserung liest sich das Abkommen fast als zu großes Programm für ein kleines Land wie die Niederlande, ganz zu schweigen für eine vor kurzem erst aus den Fluten gerettete kleine Insel in einem inzwischen nicht mehr existierenden Binnenmeer. Aber es sind lobenswerte Ambitionen, denen man voll und ganz zustimmen kann. Man fragt sich nur, wie das den

Schokland im Jahr 1941, eine Insel im kurz zuvor trockengelegten Land.

Schokländer Fischern aus früheren Jahrhunderten gefallen hätte, wenn sie gewusst hätten, dass ihre prekäre Mini-Insel der Regierung im fernen Den Haag eines Tages als Sprungbrett für die Rettung der ganzen Welt dienen würde.

Zum Schluss: DER WASSERWOLF

Heute früh war ich wie üblich schon gegen fünf Uhr wach und sinnierte im Bett vor mich hin. Gestern habe ich das Manuskript von *H_2Olland* abgeschlossen und mir überlegt, was für eine Art von Buch ich überhaupt geschrieben habe. Eine niederländische Landeskunde? Ein kultursoziologisches Porträt meines Vaterlands? Eine Autogeographie? Ein nationales Selbstporträt in Wasserfarben? Ich wanderte ein wenig durchs Haus und legte mich dann noch einmal kurz hin, bevor der Tag richtig begann. Da hatte ich folgenden Traum:

> *Ich befinde mich in einem großen Raum, vielleicht in einem Restaurant. Dutzende von Menschen sind da, es herrscht eine ungezwungene, gemütliche Stimmung. Von diesem Raum aus sehe ich, wie sich draußen, an einem Hafenkai entlang, ein riesiges Schiff durch das Bild schiebt. Der Name des Schiffes ist gut zu lesen:* Le Chao. *Über die Köpfe der Anwesenden hinweg rufe ich meine älteste Tochter Vera, um sie auf das spektakuläre Schiff vor dem Fenster aufmerksam zu machen. Auf dem Hafenkai haben Männer die größte Mühe, das Schiff zu vertäuen. Ein heftiger Wind weht, und das Wasser ist*

stürmisch. Um die Le Chao *herum schwärmen kleine Boote, die aussehen wie gelbe holländische Holzschuhe. Auf dem Kai versuchen die Männer mit all ihren Kräften, die Trossen des großen Schiffs zu belegen und straffzuziehen. Dann ertönt aus der Ferne das Singen von Ruderern, die in einem Rettungsboot schnell näher kommen. Der Gesang wird immer lauter; die Ruderer singen* »When Johnny Comes Marching Home«. *Ich beobachte alles durchs Fenster und wundere mich, wie schnell das Rettungsboot von den Ruderern vorangetrieben wird und wie schwierig es werden wird, bei diesem Tempo sicher am Kai anzulegen.*

In dem Augenblick werde ich von meiner Frau geweckt. Es ist halb acht. Aus Erfahrung klug, schreibe ich sofort die Hauptbestandteile meines Traums auf, sonst verschwindet alles kurz darauf unwiederbringlich aus meinem Gedächtnis. Es ist eindeutig, dass in dem Traum etwas von meinem Bemühen der vergangenen Zeit zu finden ist, mein Buch gut »anzulegen«. Ich google den Schiffsnamen aus dem Traum und lande in einer Welt voll chinesischer Philosophie, fernöstlichem Kampfsport und asiatischer Popmusik. Das bringt mich nicht viel weiter.

Was ich dagegen – abgesehen von meiner Tochter Vera – durchaus gleich einordnen kann, ist das Faktum eines sehr großen Schiffs, denn das sah ich gestern auf der Schinkel fahren, einem kleinen Fluss ganz in der Nähe meiner Wohnung. Das Schiff hieß *De Harmonie*. Laut einem Binnenschiffverzeichnis im Internet handelt es sich dabei um ein 1406 Tonnen messendes Frachtschiff aus Krimpen an der

IJssel. Wenige hundert Meter von meiner Wohnung in Amsterdam-Zuid entfernt sah ich es vorbeifahren, auf Höhe der Schleuse am Overtoom. Heutzutage ist eine Zugbrücke an der Stelle, wo die Schinkel in den schon im fünfzehnten Jahrhundert ausgehobenen Kanal Kostverlorenvaart mündet. Immer wirkt es wie ein Wunder, dass ein so großes Schiff (85 Meter Länge, 8,5 Meter Breite und mit einem Tiefgang von mehr als drei Metern) einfach so unter einer städtischen Zugbrücke hindurchfahren kann, während Straßenbahn, Autos, Radfahrer und Fußgänger an beiden Ufern geduldig warten, bis das fahrende Ungetüm mit einem lässigen Präzisionsmanöver die Brücke hinter sich gebracht hat.

Am liebsten wäre ich für das Buch an Bord eines solchen Binnenschiffs gegangen, um mein Heimatland vom Wasser aus zu erkunden. Denn so, beim Fahren mit den verschiedensten Schiffstypen, mit Fischerbooten, Treckschuten, Kriegsschiffen, Ruderbooten, Segelschiffen, Ozeandampfern, hat ein nicht geringer Teil der niederländischen Geschichte Gestalt angenommen. Als mein Vater in den dreißiger Jahren des vorigen Jahrhunderts die Grundschule besuchte, musste er als Erdkundeaufgabe noch die Frage beantworten, über welche Wasserwege ein Schiffer beispielsweise von Groningen nach Deventer fahren könne. Auch ich musste noch in eine stumme Karte die wichtigsten niederländischen Kanäle einzeichnen können: den Noordzeekanaal, den Amsterdam-Rijn-Kanaal, den Noordhollandkanaal, den Wilhelminakanaal, die Zuid-Willemsvaart.

Solche Kenntnisse über die Niederlande als Wasserland gelten heute nicht mehr als nützliche Ausrüstung fürs Leben. Wer sich in unseren Tagen für die Wassergeschichte der

Niederlande interessiert, wird sich damit wie ein Experte oder wenigstens wie ein Liebhaber beschäftigen müssen, wie auch ich es für dieses Buch getan habe. Die Fahrt auf einem Binnenschiff würde mir zwar viele abenteuerliche Erlebnisse verschaffen und wunderbare Stadtpanoramen und Landschaften vor Augen führen, aber es ist fraglich, ob mich eine solche Reise meinem Land näher gebracht hätte.

»Meinem Land näher gebracht«, das klingt ungewohnt. Ich habe in meinem Leben öfter dem Tagtraum nachgehangen, den Niederlanden den Rücken zu kehren, als mich noch mehr auf das Land einzulassen. Metaphorisch gesprochen – einfach an Bord eines Hochseeschiffs zu springen und mich dann ganz woanders niederzulassen. In etwa so, wie es der spätere Zeitungsmagnat Wim van Norden in einer vergessenen literarischen Novelle, *De dood van Simon van Nagel (*Simon van Nagels Tod), aus dem Jahr 1941 schreibt: »Nur der Sklave, der am Kai schleppt und urplötzlich seine Last abwirft und an Bord eines gerade absegelnden Schiffes springt, lässt die Herrscher über sein Schicksal machtlos an Land zurück.« Diese wunderbare Formulierung trage ich seit Jahren mit mir herum. In dem hier von mir zitierten Zusammenhang drückt dieser Satz gut aus, dass eine Nationalität neben allen Vorteilen, die sie mit sich bringt, auch eine Art von Sklaverei ist, der man manchmal entfliehen möchte. Ist es nicht herrlich, in einer großen ausländischen Stadt herumzuwandern (New York, Paris, Athen, Berlin, Rom, Tel Aviv) und in der Anonymität der vielsprachigen Masse aufzugehen, die einen dort wie ein Meer umspült? Das angenehme Gefühl zu erleben, dass man Herr seiner eigenen Person ist, dass man heute ganz unabhängig bestimmen kann, wer man ist, statt mit hunderterlei Fäden dem verbunden zu bleiben, was Geburt, Umfeld, das eigene Land aus einem gemacht haben?

Einen Niederländer belastet diese Wahl zwischen Weltbürgertum und Nationalität meiner Ansicht nach besonders stark. Und zwar, weil die Niederlande in den Niederlanden allgegenwärtig sind. In meinen Augen sind die Niederlande viel niederländischer als Deutschland deutsch oder Frankreich französisch ist. Nahezu täglich bekomme ich Post von meinem Land: Briefe, Mitteilungen, Steuerbescheide, E-Mails, Newsletter und Rechnungen vom Stadtteil Amsterdam-Zuid, von der Gemeinde Amsterdam oder von der Provinz Noord-Holland, in der ich lebe, vom Finanzamt, vom Elektrizitätswerk, von den Wasserwerken, von der »Hoogheemraadschap«, dem öffentlich-rechtlichen Wasser- und Bodenverband Amstel, Gooi und Vecht, von der Zentralen Bußgeldstelle oder von Gemeindebehörden wie dem Wahlamt, dem Förderverein öffentliche Schulen an der Amstel oder dem Kinder- und Jugendgesundheitsdienst.

Nirgendwo ist der Staat als eine sich in zahllosen Gestalten und unzähligen Erscheinungsformen manifestierende gesellschaftliche Größe so nachdrücklich präsent wie in den Niederlanden. Wie das Land an sich künstlich ist, teilweise dem Wasser abgetrotzt und teilweise der Geschichte abgerungen, so ist offenbar auch das Niederländer-Sein etwas Künstliches, das tagtäglich vom Staat mit Rechnungen, Mitteilungen, Aufforderungen und anderen schriftlichen Bescheiden am Leben gehalten wird. Vielleicht handelt es sich dabei ja auch um eine Überkompensation der Tatsache, dass sich der niederländische Staat auf den unterschiedlichsten Gebieten inhaltlich zugunsten von Privatisierung und Marktwirtschaft zurückzieht. In welchem anderen Land der Welt sind Behörden ständig damit beschäftigt, ihr geliftetes, einheitliches Corporate Design, ihr neues Logo, das heißt ihre Außendarstellung dem Volk aufzudrängen? Meiner Ansicht nach ist in den weiten ländlichen Regionen von Deutschland oder Frankreich viel mehr Platz, um an erster Stelle man selbst, an zweiter Stelle der Bewohner einer ganz bestimmten Region und ganz zum Schluss Deutscher oder Franzose zu sein. Vielleicht müssen sich die Niederlande noch immer mehr darum bemühen, aus ihren Einwohnern auch in den Köpfen und Herzen loyale Bürger zu machen, während das bei den Deutschen und Franzosen schon seit langem eine historische Selbstverständlichkeit ist und deshalb keiner Bestätigung mehr bedarf.

Die Geschichte der Niederlande, wie sie in verschiedenster Weise in diesem Buch direkt oder indirekt angesprochen wurde, beweist, dass das Land in Wasserpolitik und Wirtschaft der erfindungsreiche Schmied seines eigenen Glücks war, aber auch, dass die Niederlande politisch und kulturell vor allem in Reaktion auf feindlich gesonnene Mächte zu dem wurden, was sie heute sind. Der nationale und kulturelle Werdegang belegt einerseits einen großen Zusammenhang mit der wasserreichen Geographie und dem niederländischen Handelsgeist, andererseits ist die langwierige Entstehung der niederländischen Souveränität eine Geschichte aufgezwungener Fremdherrschaft, des Aufstands und der Standhaftigkeit. Wenn man sich den niederländischen Staat als Körper vorstellt, kann man das Wasser als Blutkreislauf sehen. Und außerdem muss man sich darüber im Klaren sein, dass sich dieser Körper seinerseits auch im Wasser befindet, in dem er während der vergangenen Jahrhunderte so manches Mal fast ertrunken wäre.

Die flachen und wasserreichen Niederlande, in denen eine Erhebung von 44,5 Metern Höhe (der Hellendoornse Berg in Overijssel) bereits als Berg bezeichnet wird, bieten ihren Einwohnern wenig Chancen, dem Nationalcharakter zu entkommen. Beinahe prinzipiell sind alle Interessen gemeinsame. Und das Gemeinsamste aller individuellen Belange ist nun einmal immer der Kampf gegen einen kollektiven Feind. Neben der politischen Feindschaft gegenüber den europäischen Ländern, mit denen die Niederlande in den vergangenen Jahrhunderten Kriege führten, wie England, Frankreich, Deutschland, Österreich, Spanien, Portugal, Belgien, Italien, Russland – mit wem nicht? –, ist der größte, alles überragende Feind der schon im siebzehnten Jahrhundert sogenannte »Wasserwolf«. Das animalisierte Bild der Bedrohung durch das Wasser als Wolf mit ewigem »Landhunger« suggeriert, dass die Geschichte der Niederlande auch als Märchen erzählt werden kann. Dagegen ist im Grunde nichts einzuwenden, wenn der Zuhörer damit einverstanden ist, dass es sich um ein sehr langes Märchen handelt und der glückliche Ausgang nicht von vornherein feststeht.

Der in Köln geborene, aber in Amsterdam tätige Schriftsteller Joost van den Vondel warnte bereits 1641 mit dem Bild des Wasserwolfs in dem Gedicht »Aan de leeuw van Holland« (An den Löwen von Holland) vor den Gefahren, die das noch nicht trockengelegte Haarlemmermeer für Amsterdam mit sich bringe. Dass der Wasserwolf auch in der näheren Umgebung der Stadt mindestens ebenso heftig wüten konnte wie die Wölfe in den Märchen der Gebrüder Grimm, zeigte sich etwa 1591 und 1611, als das Wasser eine ganze Reihe von Dörfern rund um das Haarlemmermeer verschlang. Vondel wollte mit seinem Gedicht, das den Kampf des Holländischen Löwen mit dem Wasserwolf beschreibt, auch seinem Zeitgenossen Adriaenszoon Leeghwater (1575–1650) seine Unterstützung bekunden, der im selben Jahr 1641 für die Trockenlegung des großen Haarlemmermeers plädierte.

Der Wasserbauexperte Leeghwater hat mit dem in seinem *Haarlemmermeerboeck* niedergelegten Plädoyer recht bekommen. Und ihm stand das Recht sich zu äußern auch zu, weil er zwischen 1607 und 1643 an der erfolgreichen Trockenlegung einer Unzahl kleinerer und größerer Seen im Gebiet von Nordholland beteiligt war. Diese Trockenlegungen hatten eine verbundene Fläche geschaffen, die viel besser zu kontrollieren war und für die Landwirtschaft wertvolles neues Polderland wie den Beemster-, den Purmer-, den Schermer- und den Wormerpolder erbrachte. Aber das Haarlemmermeer, mit seiner imponierenden Fläche von etwa 17 000 Hektar weitaus das größte Gewässer der Provinz Holland, war für die aus dem siebzehnten Jahrhundert stammende Entwässerungstechnik noch ein paar Nummern zu groß. In dieser Zeit hätte es nicht weniger als 200 Mühlen gebraucht, um den Wasserwolf zähmen zu können, eine Investition, zu der Leeghwater, trotz Vondels poetischer Hilfestellung, die politisch Verantwortlichen und die Betroffenen nicht zu überreden vermochte.

Erst zwei Jahrhunderte später, nachdem 1836 zwei Stürme das Wasser bis vor die Stadttore Amsterdams und Leidens aufgestaut hatten, waren die Köpfe (und die Geldbörsen) offen für den kühnen Plan. Inzwischen war die Technik auch so weit fortgeschritten, dass die Trockenlegung in einem zeitlich und finanziell vernünftigen Zeitrahmen durchgeführt werden konnte. Nach acht Jahren des Aushebens war das große Gewässer von einem Ringdeich umgeben und danach wurde es in knapp vier Jahren von drei Dampfschöpfwerken leergepumpt. So wurde 1852, in durchschnittlich fünf bis sechs Meter Tiefe unter dem Niveau der Nordsee, der Teil der Niederlande geschaffen, in dem sich seither nicht nur beachtliche Städte entwickelten, sondern 1916 auch ein Militärflughafen angelegt wurde, der sich im Lauf der Zeit zum heutigen Flughafen Schiphol entwickeln sollte.

Wer mit dem Flugzeug in die Niederlande reist und auf Schiphol landet, dem fehlt das Spektakel der Aussicht über die Amsterdamer Hafenfront oder der träge Charme der aufeinanderfolgenden Treidelkanäle und der Gasthäuser, die den Schiffsreisenden im siebzehnten Jahrhundert zunächst geraume Zeit beschäftigten. Ebenso wenig kann er die Kanäle und Schleusen, die Fähren und Eisenbahnbrücken genießen, wie es der aus dem Osten oder Süden kommende Reisende tut. Und er hat auch nicht die Großartigkeit der Rotterdamer Hafenanlagen vor Augen, wie sie sich dem im zwanzigsten Jahrhundert mit dem Ozeandampfer in den Rotterdamer Hafen Einfahrenden bot. Wer auf Schiphol ankommt, landet aber immerhin, ohne sich dessen bewusst zu sein, »in medias res«, auf einem Gebiet, das es 150 Jahre zuvor noch nicht einmal gab, als der Wasserwolf noch übermächtig herrschte.

Dieser Wasserwolf scheint heute wie ein Schoßhündchen sicher hinter den Deichen domestiziert zu sein, aber Klima-

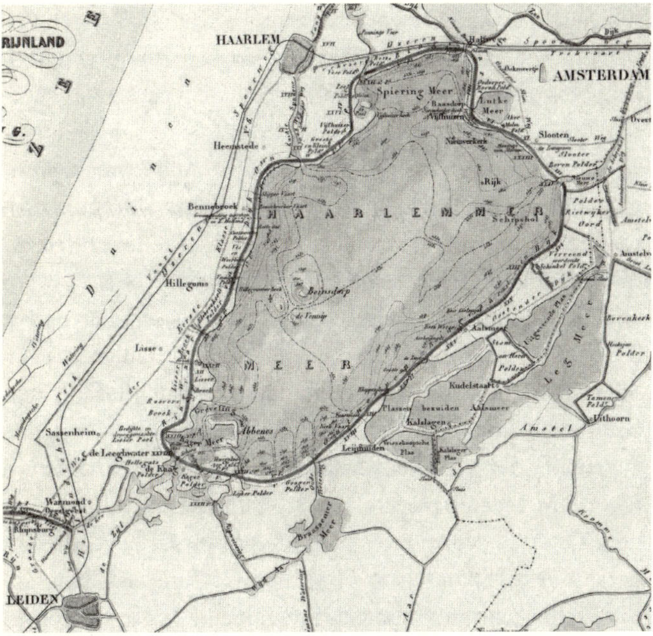

Das Haarlemmermeer vor der Trockenlegung, ganz links die Nordseeküste und als drei Punkte angegeben (im Uhrzeigersinn von rechts oben) die Städte Amsterdam, Leiden und Haarlem, die fast gänzlich durch den großen See miteinander verbunden waren.

forscher und Wassermanager, Deichgrafen und Wasserbauingenieure haben erhebliche Befürchtungen wegen der Folgen der Erderwärmung und des Anstiegs des Meeresspiegels. Zwar sind die Aussichten auf neue Überflutungen rein statistisch auf ein sehr geringes Risiko reduziert, doch dem steht gegenüber, dass die Folgen – sollte es doch dazu kommen – vielfach größer wären als bei irgendeiner früheren Flutkatastrophe der niederländischen Geschichte.

Wer Al Gores Film *Eine unbequeme Wahrheit* von 2006

gesehen hat, weiß, dass selbst wenn die von Gore angenommenen Bedrohungen womöglich langsamer als von ihm prophezeit eintreten, der unvermeidliche Anstieg des Meeresspiegels die Niederlande mehr denn je zu einer der anfälligsten Regionen der Erde machen wird. Aus Untersuchungen, die von der Zeitschrift *Environment and Urbanization* veröffentlich wurden, geht hervor, dass die Niederlanden zusammen mit anderen Low Elevation Coastal Zones (LECZ) wie den Bahamas, Bangladesch, Französisch-Polynesien und Gambia, in den Top-5 der Gebiete stehen, die völlig oder teilweise in der Gefahrenzone liegen. Und dabei legten die Forscher eine Definition des Begriffs Gefahrenzone zugrunde, der von einer Minimalgrenze von zehn Metern *über* dem Meeresspiegel ausgeht! Da unser Land ja zu einem Großteil sogar unter dem Meeresspiegel liegt, ist klar, dass die Niederlande von dieser Entwicklung, wie langsam oder schnell sie auch vor sich gehen mag, viel zu befürchten haben. Die Kombination eines erwarteten Anstiegs des Meeresspiegels (zwischen 65 Zentimetern und 1,30 Metern in den kommenden hundert Jahren) mit der zu erwartenden weiteren Absenkung der niederländischen Landfläche in Folge geologischer Prozesse, war für eine neue, im Jahr 2007 eingesetzte Deltakommission daher Anlass, tiefgreifende Änderungen vorzuschlagen. Die von der sogenannten Veerman-Kommission befürworteten Maßnahmen mit einem vorgesehenen Investitionsvolumen von 100 Milliarden Euro hätten Auswirkungen auf das gesamte Land – in Form höherer und stärkerer Deiche, verdichteter Dünen an der Nordseeküste und überhaupt mehr Überflutungsgebieten für das Flusswasser von Rhein und Maas.

Auf interaktiven Karten, auf denen man nach dem Einstellen eines bestimmten Meeresspiegels (von einem bis vierzehn Metern über dem heutigen Pegelstand) beobachten kann, welche Teile des eigenen Landes dann verschlungen sein werden, lässt sich ablesen, dass beim Anstieg von nur einem Meter oder nur wenigen Metern der weitaus größte Teil der Niederlande durch den Bau riesiger Küstenwehre vor dem Untergang geschützt werden muss. Dafür werden viel umfangreichere und stabilere Deiche benötigt, als es die Deltawerke und die Küstenbefestigungen sind, die den Niederländern bisher ein Gefühl der nationalen Sicherheit bieten. Wer jedoch die fraglichen Forschungsergebnisse zur Klimaentwicklung und zum Meeresspiegelanstieg etwas längerfristig durchdenkt, etwa für 250 oder 500 Jahre, der muss den Gedanken zulassen, dass die heutigen Niederlande, zumindest der Teil westlich der Linie Antwerpen-Groningen, höchstwahrscheinlich nicht mehr bewohnbar sind.

Beim Schreiben in einem Zimmer in Amsterdam, in einem Haus auf einer Höhe von nur 1,03 Metern über dem durchschnittlichen Meeresspiegel (was gelegentlich als das NAP oder Normaal Amsterdams Peil, das Amsterdamer Normalniveau, bezeichnet wird), ist das ein beunruhigendes Wissen. Unwillkürlich taucht ein Zukunftsbild auf: das niederländische Territorium wieder in den Zustand zurückversetzt, in dem es sich in prähistorischer Zeit befand, nämlich in einen großenteils unbewohnbaren. Allein Limburg, die Veluwe und der Bereich entlang der niederländisch-deutschen Grenze werden dann noch für städtisches Wohnen geeignet sein. Der Rest des Landes, einschließlich Amsterdam, Rotterdam und Den Haag, mit den Poldern von Nord- und Südholland, dem Abschlussdeich, den friesischen Wasserstraßen, den Mühlen, den Wassertürmen, den Brücken und allen anderen Landschaften und Bauwerken, die in diesem Buch Revue passierten, werden von einem bis dahin noch viel machtvoller gewordenen Wasserwolf verschlungen sein: von der Nordsee. Und es wird keinen Jäger geben, der den Bauch des Wolfs aufschneidet und dafür sorgt, dass alle verschlungenen Niederländer quicklebendig wieder heraushüpfen können. Der niederländische Löwe hat gezeigt, dass er zu vielem in der Lage ist, aber schwimmen kann er nicht.

QUELLEN

EIN WORT VORAB

Hendrik Marsman, *Verzamelde gedichten* (Amsterdam 2008)
www.birtheleemeijer.nl
www.knmi.nl
www.waterland.net
Foto: *Leo Belgicus*, Van den Keere (Kaerius) P, 1617. Sanderus Antiquariaat (www.sanderusmaps.com)

KAPITEL 1

Jonathan I. Israel, *The Dutch Republic. Its Rise, Greatness and Fall 1477–1806* (Oxford 1995)
www.hollandsewaterlinie.nl
www.pampus.nl
www.stelling-amsterdam.nl
Foto: Pampus. Siebe Swart/HH

KAPITEL 2

Mr L. van Heijningen, *Duizend jaren hofvijver. De Hofvijvergeest spreekt* ('s-Gravenhage o. J.)
Auke van der Woud, *Een nieuwe wereld. Het ontstaan van het moderne Nederland* (Amsterdam 2006)

»Amsterdam als cruisehaven booming«, in *Contour* (2008, Nr. 4, S. 6)
www.cbs.nl
www.os.amsterdam.nl
www.portofrotterdam.com
Foto: Hofvijver. Library of Congress Prints and Photographs Division, Washington, D. C.

KAPITEL 3

Walter Lord, *A Night to Remember* (New York 1955), dt.: *Die Titanic-Katastrophe* (München 2002)
Kees Slager, *De ramp* (Amsterdam 2003)
www.deltawerken.com
Foto: Flutkatastrophe 1953. ANP (Bibliotheek KNMI)

KAPITEL 4

Michel Tournier, »Le bain et la douche«, in *Le Miroir des Idées* (Paris 1996), dt.: »Spiegel der Ideen« in *Sinn und Form* 4/1998
Paul Valéry, »Le bain«, in *Œuvres I* (Paris 1957), S. 1727 f.
H. J. Viherjuuri, *Sauna. The Finnish Bath* (Helsinki 1952)
www.kraanwater.nu
www.milieucentraal.nl
www.museumhetvalkhof.nl
www.nieuwsbank.nl
www.thermenmuseum.nl
www.vewin.nl
www.waternet.nl

www.wlb.nl
www.zingenonderdedouche.nl
Foto: Ausgrabungsstätte 1941. Thermenmuseum Heerlen

KAPITEL 5

Jan de Wildt, *Een mol in Arcadië. Vijftig jaar Velser tunnels* (Beverwijk 2007)
De Velsertunnels (Haarlem 1957)
www.museumkennemerland.nl
Foto: Belüftungstürme des Velsertunnels. Museum Kennemerland

KAPITEL 6

Wim Köhler, »Tegen warme oorlellen«, in *NRC Handelsblad* vom 12. Januar 2008.
A. J. Meinders und A. E. Meinders, »Hyponatriëmie tijdens een duurloop: door overmatige vochtinname«, in *Nederlands Tijdschrift voor Geneeskunde* (2007, Nr. 151, S. 581 ff.)
www.frisdrank.nl
www.herba-products.nl
www.kudtjochie.punt.nl
www.natuurinformatie.nl
www.nu.nl
www.verswater.nl
www.yogadetox.dotnetwebsite.com
Foto: Patagonisches Quellwasser. Waterwinkel Amsterdam (www.springwater.nl)

KAPITEL 7

Alain Corbin, *Le territoire du vide. L'occident et le désir du rivage* (Paris 1988), dt.: *Meereslust. Das Abendland und die Entdeckung der Küste* (Frankfurt am Main 1994)

Harm Ede Botje und Sander Donkers, »Zaken aan zee. De commercialisering van Bloemendaal«, in *Vrij Nederland* (2008, Nr. 28/29, S. 22 ff.)

www.northseatrail.nl

Foto: Nordseestrand. Nicolas Russell/Getty Images

KAPITEL 8

M. van Bottenburg, *Verborgen competitie. Over de uiteenlopende populariteit van sporten* (Amsterdam 1994)

H. J. Looman, *Het boek van de schaats* (Amsterdam 1944)

Maarten Moll, *Jaap Eden. Wereldkampioen op de schaats, wereldkampioen op de fiets* (Amsterdam 1996)

Peter Sloterdijk, »Spielen mit dem, was mit uns spielt«, in *Neue Zürcher Zeitung* vom 14. Juni 2008

www.archiefleeuwardercourant.nl

www.elfstedenwiki.vpro.nl

www.kijkonderzoek.nl

www.sportgeschiedenis.nl

Foto: Piet Keijzer. Collectie Spaarnestadphoto/ANP/Polygoon

KAPITEL 9

Charles Dumas und Leo Endedijk, *Meesters en molens. Van Rembrandt tot Mondriaan* (Zwolle 2007)

www.molenmuseumdevalk.nl

www.molens.nl

www.vrijwilligemolenaars.nl
Foto: Poldermühlen. Ablestock

KAPITEL 10

Cd. Busken Huet, *Van Napels naar Amsterdam. Italiaansche reisaantekeningen* (Haarlem 1877)
M. Vasalis, *Verzamelde gedichten* (Amsterdam 2006)
Zuiderzeemuseum Enkhuizen (Ausst.Kat.), *De dijk. Zuiderzeewerken van J. H. van Mastenbroek* (Zwolle 2007)
www.afsluitdijk.org
www.geschiedenis.vpro.nl
Foto: Abschlussdeich. Maurice Boyer/HH

KAPITEL 11

Henk Rienks, *De Nederlandse watertoren in oude foto's en prentbriefkaarten* (Capelle aan de IJssel 2000)
Elke de Rooij, *Ir. Hendrik Sangster (1892–1971). Engineer-architect* (Master Thesis, University of Utrecht 2006)
Henk van der Veen, *Watertorens in Nederland* (Rotterdam 1989)
www.leiden.nl
www.watertoren-buitenlust.nl
www.watertorendongen.nl
www.watertorens.nl
Foto: Wasserturm Kaatsheuvel. Aus: Teijsen, J. L. P. M., *Drinkwatervoorziening van het platteland in Noord-West Brabant 1924–1949* (Selbstverlag 1949)

KAPITEL 12

John Frost, *A Drop Too Many* (London 1980)
Robert J. Kershaw, *It Never Snows in September* (New York 1990), dt.: *Arnheim '44. Im September fällt kein Schnee* (Motorbuch Verlag 2000)
Martin Middlebrook, *Arnhem 1944: The Airborne Battle* (London 1994)
Martinus Nijhoff, *Verzamelde gedichten* (Amsterdam 2008)
www.inghist.nl
www.louvre.fr
www.nijmegen.nl
www.noviomagus.nl
Foto: *Hendrik Heuck, ingenieur, mit seiner Frau Catharina Brouwers*, Nicolaes van Helt, um 1657. Louvre

KAPITEL 13

Mr. J. E. Banck, *Zeepbellen* (Amsterdam 1859) und *Verspreide gedichten* ('s-Gravenhage 1868)
John Bierman, *The Secret Life of Laszlo Almasy* (London 2004)
Eckardt Opitz, *Die Bernstorffs. Eine europäische Familie* (Heide 2001)
Simon Rozendaal, »Hoe Schiermonnikoog in Nederlandse handen viel«, in *Elsevier* (2004, Nr. 51, S. 148 ff.)
Foskea van der Ven, *Een omstreden eiland. De eigendom van het eiland Schiermonnikoog in geding* (Groningen 1993)
www.geschiedenis.vpro.nl
www.noorderbreedte.nl
www.schierweb.nl
Foto: Schiermonnikog. Rob Huibers/HH

KAPITEL 14

S. Abramsz, *Veertien dagen op een ijsschots* (Houten 2005)

Gary Schwarz, *The Night Watch* (Amsterdam 2002)

Henk van Os, »Musea als kathedralen«, in *De Groene Amsterdammer* (2008, Nr. 35)

H. van Zijl, »Durgerdam en de Bordings«, in *Uit het peperhuis* (1970, Nr. 1)

www.koekkoek-documentatie.nl

Foto: *Die Bordings auf ihrer Eisscholle*, Hermanus Koekkoek sr., nach 1849. Zuiderzeemuseum Enkhuizen

KAPITEL 15

Jan Hoedeman und Remco Meijer, »De koning is klaar« (www.volkskrant.nl, konsultiert am 14. Mai 2008)

Jannetje Koelewijn und Merel Thie, »De man achter prins pils« (www.nrcnext.nl, konsultiert am 14. Mai 2008)

Waterschapsalmanak 2006/2007 (Den Haag 2006)

www.adviescommissiewater.nl

www.europese-grondwet.nl

www.koninklijkhuis.nl

www.minbzk.nl

www.minez.nl

www.minlnv.nl

www.minvenw.nl

www.minvrom.nl

www.statline.cbs.nl

www.unsgab.org

www.watersportverbond.nl

Foto: Kronprinz Willem-Alexander. Mit freundlicher Genehmigung des HSD/Earth Negotiations Bulletin International Institute for Sustainable Development

KAPITEL 16

Dr. A. J. Geurts, *Schokland. De historie van een weerbarstig eiland* (Lelystad 2005)

Gerrit van Hezel en Aaldert Pol, *Schokland en omgeving. Leven met water* (Utrecht 2008)

www.schokkervereniging.nl

www.schokland.nl

Foto: Schokland. Museum Schokland, Ens

ZUM SCHLUSS

Gordon McGranahan, Deborah Balk, Bridget Anderson, »The rising tide. Assessing the risks of climate change and human settlements in low elevation coastal zones«, in *Environment and Urbanization* (2007, Nr. 19, S. 17 ff.)

www.ahn.nl

www.deltacommissie.com

www.flood.firetree.net

www.milieuloket.nl

Foto: *Het Hoogheemraadschap van Rijnland en het Haarlemmermeer*, Bavley & Huart, 1843/Noord-Hollands Archief

Die Originalausgabe erschien 2009 unter dem Titel »H_2*Olland. Op zoek naar de bronnen van Nederland*« bei Uitgeverij Augustus, Amsterdam.

Die Übersetzung dieses Buches wurde von der Stiftung für die Produktion und Übersetzung niederländischer Literatur gefördert.

Die Übersetzung der Zitate von Paul Valéry auf S. 5 stammt von Max Looser (aus: Paul Valéry, *Werke*, Bd. 4, *Zur Philosophie und Wissenschaft*, S. 80 © Insel Verlag, Frankfurt/M. 1989), und auf S. 64 f. von Elisabeth Edl (»Le bain«, in: Paul Valéry, *Œuvres*, Bibliothèque de la Pléiade, Bd. I, S. 1727 f. © Éditions Gallimard, Paris 1957, und in: *Alphabet* © Le livre de poche, Paris 1999).
Die Gedichte von Hendrik Marsman, »Erinnerung an Holland«, M.Vasalis, »Abschlussdeich« und Martinus Nijhoff, »Die Brücke bei Bommel« wurden von Maria Csollány übersetzt.

FSC
Mix
Produktgruppe aus vorbildlich bewirtschafteten Wäldern und anderen kontrollierten Herkünften
www.fsc.org Zert.-Nr. GFA-COC-001223
© 1996 Forest Stewardship Council

Verlagsgruppe Random House FSC-DEU-0100
Das FSC-zertifizierte Papier *Munken Pocket* für dieses Buch liefert Arctic Paper Munkedals AB, Schweden.

1. Auflage
Deutsche Erstausgabe

Satz: Greiner & Reichel, Köln
Druck und Einband: CPI – Clausen & Bosse, Leck
Printed in Germany
ISBN 978-3-630-62169-2

www.luchterhand-literaturverlag.de